hänssler

HORST MARQUARDT

MEINE GESCHICHTE MIT DEM EVANGELIUMS-RUNDFUNK

Warten – Wunder – Wellen

Abbildungen im Innenteil: Privatarchiv, Archiv von ERF und TWR

hänssler-Hardcover
Bestell-Nr. 393.731
ISBN 3-7751-3731-9

Internet: www.haenssler.de
E-Mail: info@haenssler.de
Titelfoto: privat
Umschlaggestaltung: Ingo C. Riecker
Satz: AbSatz, Klein Nordende
Druck und Bindung: Ebner Ulm
Printed in Germany

INHALT

GOTT ERFAHREN

Gott bewahrt

Der mörderische Zweite Weltkrieg ging seinem Ende entgegen. Die Familie lebte damals in Schlesien. Dort hatte man während der zurückliegenden Jahre verhältnismäßig wenig vom Krieg gespürt. Das änderte sich schlagartig im Januar 1945.

Endlos scheinende Flüchtlingstrecks zogen vom Osten in den Westen. Die Front rückte immer näher. Als die russischen Panzer nur noch 30 Kilometer von Breslau entfernt waren, folgte meine Mutter der Aufforderung zur Evakuierung. Mit meinem damals 10-jährigen Bruder und mit leichtem Handgepäck machte sie sich auf den Weg. Ziel war Neuruppin, eine Stadt in der Mark Brandenburg, Heimat der Mutter, ausgemachter Treffpunkt, falls wir uns aus den Augen verlieren sollten.

Unsere Familie gehörte nun auch zu den Flüchtlingen und hatte – wie Millionen andere in Deutschland – allen Besitz verloren. Mein Vater war noch in Kriegsgefangenschaft. Für das Leben der kleinen Familie stand in den kommenden Jahren nur engster Raum zur Verfügung. Meine Mutter musste mit ihren zwei Söhnen in einem Zimmerchen leben, das schon für eine Person nicht gerade geräumig gewesen wäre. Und doch hörte ich die Mutter immer wieder vom »Vater im Himmel« sprechen. Das schien mir zwar manchmal unpassend, aber es beeindruckte mich.

Vier Jahre später sind Mutter und Bruder erneut auf der Flucht. Wieder geht es von Ost nach West. Mein Vater hatte sich dafür entschieden, nach Entlassung aus britischer Kriegsgefangenschaft im Westen zu bleiben. Seine Frau und seine Söhne sollten in den Westen kommen. Noch gab es keine undurchlässige »Staatsgrenze« zwischen Ost und West. Doch schon damals war es nicht einfach, offiziell von der Sowjetischen Besatzungszone zu einer der westlichen Besatzungszonen zu kommen. Darum hatte meine Mutter geplant, bei Nacht und Nebel über die Grenze zu gehen. Ein Cousin, der die Route schon kannte, weil er die Tour wiederholt gemacht hatte, wollte den Weg zeigen. »Es wird schwierig«, hatte er gesagt, »besonders wenn wir über den Graben müssen. Hoffen wir, dass er nicht zuviel Wasser führt.«

Als meine Mutter mir von dem geglückten Gang über die Grenze berichtete, schrieb sie unter anderem: »Und stell' Dir vor, als wir nach einem längeren Marsch über weite Felder an die Stelle kamen, wo wir den Graben zu überqueren hatten, lag da ein dicker Baumstamm. Wir konnten darüber balancieren und kamen gut am anderen Ufer an. Und dann war es nicht einmal mehr weit bis zum ersten Bahnhof im Westen. Das alles war für uns ein Wunder!«

Andere hätten von »großem Glück« gesprochen oder davon, dass sie »einfach Schwein« hatten. Wir sahen es anders. Gott hilft in seiner großen Freundlichkeit an einer Stelle, zu einer Zeit und auf eine Weise, die mit sorgfältigster Planung nicht besser zu erreichen gewesen wäre. Sicher kann man manches »himmlische Eingreifen« sehr nüchtern erklären. Solche Erklärungen wären: Da hat eben vorher schon jemand über den Graben gewollt und einen geeigneten Stamm hingelegt. Gewiss – aber dass der Stamm nicht erst drei Nächte später dorthin kam; dass ihn, seit er dort lag, niemand wegholte; dass der Cousin, der bei früherer Gelegenheit durchs Wasser musste, diesmal trockenen Fußes hinüberkam; dass die drei bei ihrem Marsch über die Felder ausgerechnet dort ankamen, wo der Stamm lag und nicht 15 oder 20 Meter weiter rechts oder links, wo sie ihn in der Dunkelheit vermutlich nicht gesehen hätten – merkwürdige »Zufälle«! Und das alles nicht nur, um einer Frau und zwei jungen Männern Unannehmlichkeiten zu ersparen, sondern – so sahen wir es – vor allem, weil meiner ständig mit Fuß- und Beinbeschwerden belasteten Mutter die nasse Durchquerung hätte schaden können.

Viele Menschen haben eine Scheu, von einem Wunder zu sprechen und dann noch dieses Gott zuzuschreiben. Ich glaube, dass Gott mich wiederholt Wunder erleben ließ.

Davongekommen

Eine meiner frühen Kindheitserinnerungen hat auch mit einem Wunder zu tun. Jedenfalls sahen alle Beteiligten in dem Ereignis ein besonders gnädiges Wirken Gottes. Im Oktober 1934 wurde mein Bruder geboren. Tagelang stand es sehr schlecht um die Gesundheit unserer Mutter. Komplikationen waren während und nach der Geburt eingetreten. Ich wurde in der Zeit von den Eltern meines Vaters betreut. Da war dann schon mal die Rede davon, dass die Mutter vielleicht nicht wieder nach Hause kommen würde und dass sie so krank sei, dass sie vielleicht nie wieder gesund werden würde. Dann war sie – eine Antwort auf viele Gebete aus der Gemeinde, der Verwandtschaft und dem Freundeskreis – eines Tages »über den Berg«. Da hieß es dann: »Ein Wunder ist geschehen! Gott hat sie bewahrt und dem Mann und seinen Söhnen erhalten.« Nach einem Vierteljahr wurde die Genesende entlassen.

Solche Erfahrung schafft zwar noch keine eigene Beziehung zu Gott, bereitet jedoch Raum für eine Ahnung: Da ist noch einer neben und über uns, ein Größerer.

Die Eltern des Vaters und die Eltern der Mutter hatten in jungen Jahren eine bewusste Hinwendung zu Jesus Christus erfahren. Auch mein Vater und meine Mutter standen bewusst in der Nachfolge Jesu. Gern hätten sie gesehen, dass auch ihre Söhne schon frühe – wie man damals sehr unbekümmert sagte – zum Heiland gefunden hätten. Doch der Bruder war noch zu jung und ich war inzwischen auf dem besten Weg, ein Verehrer des »Führers« zu werden. Zehn Jahre war ich alt, als der Krieg ausbrach. Die Kinderorganisation der Hitlerjugend, das »Jungvolk«, hatte mich in Beschlag genommen. Zweimal in der Woche mussten wir – wie man damals sagte – zum »Dienst«: marschieren, exerzieren, vormilitärische Ausbildung, aber auch schlichte Freizeitgestaltung, im Sommer Fahrten und Sport.

Mein Vater sah meine Aktivität beim »Jungvolk« nicht gern. Auch zur politischen Entwicklung äußerte er sich kritisch. Ich hielt ihn in meiner vorpubertären Logik für »alt«, »nicht mit der Zeit gehend« und Ähnliches. Nachdem er Soldat geworden war, entfielen seine Mahnungen. Doch wie recht sollte er behalten! Spätestens seit der Niederlage bei Stalingrad und dem unaufhaltsamen Rückzug der deutschen Armee wurde die Frage immer lauter: Und wenn Deutschland nun doch verliert?

Der Nationalsozialismus hatte eine so verführerische Kraft, dass bereits Kinder (vielleicht gerade sie) diese Ideologie nahmen wie einen Religionsersatz. Statt des heiligen Gottes zu gedenken, sangen wir: »Heilig Vaterland in Gefahren ...« Da war kein Platz mehr für ein »Erleben mit Gott«.

Das Vaterland war wirklich in Gefahr. Nur: Wir konnten den Niedergang nicht aufhalten.

Das Ende kam schneller, als mancher im Stillen befürchtete, nicht schnell genug für solche, die tiefer blickten.

Verblendet

Nachdem Zehntausende von Menschen aus Breslau geflüchtet waren, erklärten die Nazis die Stadt zur Festung. Ich wollte mit zu den Verteidigern gehören. Doch – Gott sei Dank! – wurde daraus nichts. Auf »höheren Befehl« kam ich kurz vor der Einkesselung durch die Rote Armee mit anderen meines Alters noch aus der Stadt hinaus! Wie ich später erfuhr, mit einem der letzten Züge. Das war schon eine Bewahrung sondergleichen! Aber mir und einigen anderen bedeutete das nicht viel. Wir wollten kämpfen! Man brachte uns in ein Wehrertüchtigungslager. Von dort sollte es an die Front zum Einsatz gehen. Die zusätzliche kurze Ausbildung schien unnötig. Wir meinten zu können, was man können muss. Jetzt sofort war – davon waren wir felsenfest überzeugt – unsere Teilnahme erforderlich. Wir wollten unsere Heimatstadt vor einem russischen Einmarsch bewahren. Eines Nachts schlich ich mit drei anderen aus dem Lager hinaus. Wir marschierten einige Kilometer bis zum nächsten Bahnhof und wollten eine Fahrkarte nach Breslau lösen.

»Da geht kein Zug mehr hin«, sagte der Schalterbeamte.

Rückblickend weiß ich: Das war eine weitere Bewahrung. Zurück ins Lager wollte ich nicht. So kaufte ich kurz entschlossen eine Fahrkarte nach Neuruppin. Wohin die anderen fuhren, weiß ich nicht mehr. Meine Entscheidung war nicht ganz ungefährlich. Eine misstrauische Militärstreife hätte uns für desertierende Soldaten halten können. Wir hatten keine ordnungsgemäßen Papiere und eine kuriose »Uniform«: Luftwaffenjacke, Polizeihemd, Fallschirmjägerhose u. a. Als der Zug in Görlitz ankam, stand die Feldpolizei bereits auf dem Bahnsteig. Alle aussteigenden Soldaten wurden in eine große Baracke geführt. Ich strömte mit den anderen Männern hinein und ging – ich wusste nicht, wie mir geschah – auf der anderen Seite der Baracke wieder hinaus. Auch das war für mich – so entdeckte ich beim späteren Überdenken jener Geschehnisse – eine Bewahrung. Ich bekam nun zwar keine Gelegenheit ein Held zu werden – blieb aber vor weiterem militärischen Einsatz bewahrt, suchte stattdessen einen Zuganschluss und kam auf einigen Umwegen nach Neuruppin ins neue »Heim« für Mutter und Bruder.

Versorgt

Nach weiteren gut zwei Monaten – am 8. Mai 1945 – war der entsetzliche Krieg vorüber. Nun musste man keine Angst mehr haben vor Bombenangriffen oder »feindlichen Überfällen«. Das Leben normalisierte sich. Christen, mit denen wir zusammenkamen, dankten Gott für das Schweigen der Waffen. Sie beteten um baldige Rückkehr der vermissten und gefangenen Männer, Väter und Söhne.

Die Vorräte waren verbraucht, es gab wenig zu kaufen. Und das Wenige war noch rationiert. Wie oft haben wir Gott in jener Zeit gedankt für ein paar Eier, die uns jemand zusteckte, für ein halbes Brot, für etwas Gemüse oder für ein paar Kohlen. Es bewahrheitete sich die Aufforderung Jesu: »Sorgt nicht um euer Leben, was ihr essen und trinken werdet; auch nicht um euren Leib, was ihr anziehen werdet. Ist nicht das Leben mehr als die Nahrung und der Leib mehr als die Kleidung? Sehet die Vögel unter dem Himmel an: sie säen nicht, sie ernten nicht, sie sammeln nicht in die Scheunen; und euer himmlischer Vater ernährt sie doch. Seid ihr denn nicht viel mehr als sie?« (Matthäus 6, 25.26).

Ich las viel in jener Zeit, darunter manche Titel, die Gott in Frage stellten, mit der Kirche abrechneten oder dem Christentum keine Zukunft gaben.

Lessing und Goethe beeindruckten mich. Mit Lessing suchte ich die »rechte Mitte«, denn ich hatte bei ihm den Satz gefunden: »In allem Leben ist ein Trieb nach unten und nach oben. Wer in der rechten Mitte von beidem bleibt, der ist zu loben.« Aber auch Diogenes gab etwas her: »Du kannst zwei Dinge wählen, um gut durch das Leben zu kommen: entweder die Vernunft oder den Strick.« Tatsächlich nahm damals mancher, der nicht weiterwusste, den Strick. Immer wieder hörte man von Selbstmorden, aber auch von schrecklichen Schicksalen. Manche Nachbarn wurden »abgeholt« und verschleppt. Eines Nachts wurde auch einer meiner Freunde verhaftet. Die Eltern hörten noch, dass man ihn beschuldigte, englischer Spion zu sein.

Nicht abgestürzt

Es gab eine kleine methodistische Gemeinde am Ort. Sehr wenige alte Männer kamen zu den Gottesdiensten, ansonsten nur Frauen. Außer mir gab es gerade noch ein, zwei jüngere Menschen. An Neuruppin war der Krieg eigentlich vorübergegangen. Die Bewohner hatten weder fliehen, noch mit Bombenschäden fertigwerden müssen. »Die können nicht mitreden«, war mein Eindruck, »auch die Christen nicht. Sie sprechen zwar von Nächstenliebe, denken aber gar nicht daran, sich von manchem Überfluss zu trennen und den Flüchtlingen den Start zu erleichtern.«

Offiziell waren nach Kriegsende auch in der so genannten Sowjetischen Besatzungszone einige politische Parteien zugelassen worden, aber nur die kommunistische schien wirklich aktiv. Warum das so war, sollte man erst viel später erfahren. Die kommunistische Propaganda war geschickt und einige ihrer Repräsentanten beeindruckten. Sie unterbreiteten Programme und kurbelten den Wiederaufbau an. Ihre Parolen schienen so überzeugend. Fast an jeder Ecke las man auf Plakaten das Stalin-Wort: »Die Hitler kommen und gehen – das deutsche Volk, die deutsche Nation bleibt.« In jeder öffentlichen Ansprache, in jedem ernst zu nehmenden Zeitungskommentar wurden Stalin, Marx, Engels und Lenin zitiert.

Das waren neue Töne, die Hoffnung gaben. Ich wurde Mitglied des Antifaschistischen Jugendausschusses (aus dem die FDJ, die Freie Deutsche Jugend, erwuchs) und später Mitglied der Kommunistischen Partei. Ich besuchte damals das Neuruppiner Friedrich-Wilhelm-Gymnasium. Politik war ausgeklammert. Was werden diese Lehrer empfunden haben, die bis zuletzt ihre Klassen jeden Morgen mit erhobenem Arm und »Heil Hitler!« begrüßten? Die Klasse antwortete mit »Heil Hitler!«. Dann erst begann der Unterricht.

Nationalsozialistisches Gedankengut durfte nun endlich nicht länger weitergegeben werden. Nicht nur durch ihre Parteizugehörigkeit belastete Beamte suchten ihre Entnazifizierung. Auch die Lehrpläne und Lehrbücher mussten erneuert werden.

Vieles, was mit der sowjetischen Besatzungsmacht und der von ihr geförderten Kommunistischen Partei ins Land kam, wirkte auf mich und andere Menschen faszinierend.

Eine neue Welt tat sich mir auf. Zum Weihnachtsfest 1947 schenkte mir ein Freund Lenins »Ausgewählte Werke« Band 2 (Band 1 hatte ich mir selbst gekauft) und widmete mir das Buch mit den Worten: »›In Deiner Brust sind Deine Schicksalssterne‹ (F. von Schiller), Dir, lieber Horst, zum Weihnachtsfest 1947,

Dein ...« Wir waren begeistert von dem Gedanken, am Aufbau eines neuen Deutschlands beteiligt zu sein. »Den bürgerlichen Staat kann nur die Revolution aufheben«, sagte Lenin. Wie froh waren wir, dass der neue Staat, der sich in der Sowjetischen Besatzungszone heranbildete, kein bürgerlicher war, sondern ein »Arbeiter- und Bauernstaat«. Zwar entdeckten wir auch manche Fehlentwicklung. Man entschuldigte das jedoch als Anlaufschwierigkeiten. Auf unzähligen Plakaten wurde dazu aufgerufen, von der Sowjetunion zu lernen. Lenin sagte: »Selbstverständlich kann von einer Gleichsetzung der Verhältnisse Russlands und der Verhältnisse in Westeuropa keine Rede sein« (Seite 705). Er meinte das Russland von 1917; aber stimmte, was er damals gesagt hatte, nicht auch noch 1945?

Wir waren zu der Zeit verhältnismäßig unkritisch. An westliche Literatur kam man (noch) nicht heran. Vergleichsmöglichkeiten zu den anderen Besatzungszonen fehlten auch. Und die Bereitschaft, zu glauben, was man glauben wollte – und was man glauben sollte, war groß.

Auf mancher Fahrt über Land lernte ich alte und junge Menschen kennen. Oft zogen sich Veranstaltungen und anschließende Diskussionen stundenlang hin. Eines Abends fuhren wir heim, zu dritt in einem Auto. Die Straßen waren nach dem Krieg kaum instand gesetzt, viele Brücken nur notdürftig repariert. Es war schon dunkel geworden. Plötzlich gingen die Scheinwerfer des Autos aus. Der Fahrer hielt, schimpfte und stieg aus. Wir hinterher. Mein Reisegefährte ging ein paar Schritte in Fahrtrichtung, als er plötzlich rief, nein schrie: »Kommt bloß mal her!« Als wir zu ihm kamen, entdeckten wir, dass er vor einem Abgrund stand. An der Stelle hatte früher eine Brücke den Kanal überquert. Noch war sie nicht repariert. »Die haben nicht mal ein Warnungsschild aufgestellt«, beklagte der Chauffeur. Das stimmte jedoch nicht. Wir gingen ein Stück zurück und entdeckten einen Hinweis: »Brücke nicht passierbar, Umleitung über Behelfsbrücke«. Es war so dunkel, dass wir Schild und Abfahrt zuvor völlig übersehen hatten. Jetzt entdeckten wir das. Ein Weg führte die Böschung hinab zu einer Pontonbrücke, die den Kanal überquerte. Wir waren am Warnschild vorbeigefahren und doch nicht hinuntergestürzt! Wenn das kein Wunder war! Genau zwischen der Abfahrt zur Pontonbrücke und dem Abgrund kam der Wagen zum Stehen!

Auf der Suche

Im Herbst 1949 wurde ich Leiter des Jugendfunks beim Landessender Potsdam. Eine aufregende Zeit begann. Radio hören ist anregend, aber Radio machen ist faszinierend. Es boten sich viele Möglichkeiten zur Entfaltung. Dazu fand ich gute Lehrmeister. Der Chefredakteur war im Krieg in der deutschen Abteilung von BBC London tätig gewesen. Der Sendeleiter kannte sich in Kunst und Wissenschaft aus. Der Chefreporter war – schon vor dem Krieg und nun danach wieder – eine bei Kollegen und Hörern geschätzte Autorität.

Ich schrieb Lebensbilder, stellte Dokumentationen zusammen, entwickelte Hörspiele und bemühte mich um satirische, aber auch besinnliche Sendungen. Es gelang, einen Kreis fähiger freier Mitarbeiter aufzubauen und Jugendgruppen im Land zur Mitarbeit zu gewinnen.

Besonders ernst nahm ich die Berichterstattung über »Jugendliche am Arbeitsplatz«. Mit einer kritischen Reportage wollte ich jungen Werktätigen im Traktorenwerk Brandenburg helfen. Diese wurde jedoch nicht abgenommen und nicht zur Sendung freigegeben.

Alles Diskutieren mit der Chefredaktion half nichts. Die Sendung war offensichtlich für den Abfallkorb produziert. Als besonders schlimm empfand ich, dass man keine Gründe dafür nannte, warum die Sendung nicht ausgestrahlt werden sollte. Schließlich wandte ich mich an den Zensor, einen russischen Offizier, der dem Intendanten »zur Seite stand«. »Sie müssen sich nicht unnötig aufregen«, sagte mir dieser liebenswürdige und sehr gebildete Mann, »mit dem, was Sie sagen, haben Sie ganz recht.

Senden werden wir es trotzdem nicht.« – »Und warum nicht?«, wollte ich wissen. Seine Antwort: »Weil es nicht in die Parteilinie passt.«

Hatte nicht Stalin gesagt: »Um Betriebe zu leiten, muß man öfter mit ihren Mitarbeitern in Fühlung kommen, muß man mit ihnen in lebendigem Kontakt stehen« (Stalin, »Fragen des Leninismus«, Seite 423). Genau das hatte ich getan. Und was mir die jungen Arbeiter gesagt hatten – sie übten kräftig Kritik – sollte nicht gesendet werden?

Zum zweiten Mal verschaukelt?

Ich weiß nicht mehr, ob ich verärgert oder wütend oder maßlos enttäuscht war. Vermutlich alles zusammen. Ich fühlte mich ein zweites Mal in meinem Leben verschaukelt. Das erste Mal vom Nationalsozialismus, das zweite Mal vom Marxismus-Leninismus.

Abends in meinem möblierten Zimmer wurde mir der ganze Jammer meiner Lage bewusst. Ich wollte die Wahrheit sagen, wollte helfen, wollte Wege weisen, aber das war nicht gestattet! Es sollte geschwiegen und gelogen werden. Es machte anscheinend niemand etwas aus, dass die jungen Leute in Brandenburg doch genau wussten, was Sache ist.

Mein Entschluss stand fest: Das mache ich nicht mehr mit! Doch wie sollte es weitergehen? Es war trostlos. Ich wusste nicht weiter.

In meiner Ratlosigkeit stand ich vor meinen Büchern, wohl in der Hoffnung, dass irgendein Autor trösten oder raten könnte. Nicht bewusst, sondern eher wie geführt, griff meine Hand nach einem kleinen schwarzen Buch, das ich seit Jahren mit mir herumführte, ohne je darin gelesen zu haben: ein Neues Testament. Es hatte einmal einem Onkel gehört, der als deutscher Flieger über England abgeschossen worden und gestorben war. Ich hielt das Buch in der Hand und blätterte darin, wie man ein Buch behandelt, das man nicht kennt. Irgendwo hört man dann auf zu blättern und liest, wo man gerade aufgeschlagen hat. Das tat ich auch.

Meine Augen fielen auf ein Wort, das der Apostel Paulus seinem Mitarbeiter Timotheus geschrieben hatte. Ich las es damals in der Luther-Fassung von 1912, zitiere hier aber den revidierten Text: »Mit den bösen Menschen aber und Betrügern wird's je länger desto ärger. Sie verführen und werden verführt. Du aber bleibe bei dem, was du gelernt hast und was dir anvertraut ist; du weißt ja, von wem du gelernt hast und dass du von Kind auf die Heilige Schrift kennst, die dich unterweisen kann zur Seligkeit durch den Glauben an Jesus Christus. Denn alle Schrift, von Gott eingegeben, ist nütze zur Lehre, zur Zurechtweisung, zur Besserung, zur Erziehung in der Gerechtigkeit, dass der Mensch Gottes vollkommen sei, zu allem guten Werk geschickt« (2. Timotheus 3, 13-17).

Der Text traf mich. Er schlug geradezu ein. »Böse Menschen betrügen« – das war genau die Beschreibung meiner Vorgesetzten und ihrer Gesinnungsfreunde, sie verführen und werden verführt. Ja! Und wenn ich weiter mitmachen würde, würde ich auch zum Verführer. Das war mir klar. – »Du aber bleibe ...«, das war keine Aufforderung zum Verbleib in einer der Ideologien; ich wusste, was gemeint war: »Du weißt ja, von wem du gelernt hast ...« Und ob ich das wusste! Jetzt fanden die Gebete der Eltern ihre Erhörung.

In jener Stunde habe ich meine Bekehrung erlebt. Ich wusste nicht, welchen dogmatischen Stellenwert die Bekehrung hat, nicht einmal der Begriff war mir bekannt. Es war auch keiner da, der mir hätte erläutern können, was gerade geschah. Doch ich wusste es auch so: Gott sprach zu mir – durch dieses Wort – durch sein Wort. Ich wusste es.

Wie oft hat mir dieses Erleben in späteren Jahren geholfen. Ich hatte vom Anfang meines Glaubenslebens an volles Vertrauen zu den Aussagen der Heiligen Schrift. Ich musste nicht zweifeln, ob »alle Schrift von Gott eingegeben« ist. Ich wusste auch, es muss nicht donnern und blitzen, wenn Gott spricht. Es muss nichts Übernatürliches geschehen, wenngleich ich inzwischen weiß, dass

Gott Tausende von Möglichkeiten hat und unter Umständen auch durch Donnern und Blitzen auf sich aufmerksam macht.

Das war jedenfalls eine Stunde, die ich nie vergessen werde, ein Abend, der über den weiteren Verlauf meines Lebens entschied.

Jetzt bekam auch ein Erlebnis mehr Bedeutung, das ich einige Wochen zuvor gehabt hatte. Wir waren mit einem großen Pkw, der zugleich als Aufnahmewagen genutzt wurde, auf dem Heimweg von einem Einsatz. Ich war eingeschlafen. Als ich wach wurde, hockte ich zwar noch immer im Auto, aber wenn ich hoch schaute, sah ich die Sterne. Es dauerte einige Augenblicke, bis mir bewusst wurde, dass wir verunglückt waren. Ein russisches Militärfahrzeug hatte unseren Wagen gerammt und umgestoßen. Nun lag er auf der Seite. Die schweren Maschinen waren aus der Halterung gerissen, hatten aber weder mich, noch den Chauffeur, noch den Tontechniker verletzt. Ich kann mich nicht mehr erinnern, wie wir von der Unfallstelle wegkamen, aber nicht vergessen habe ich das Glücksgefühl, das ich verspürte, unverletzt und am Leben geblieben zu sein.

Dieses Geschehen fiel mir jetzt wieder ein in der Stunde, in der ich Gottes Ruf hörte. Mir wurde klar, dass die Bewahrung beim Unfall ein besonderes Zeichen der Güte Gottes war. Später stieß ich auf das Bibelwort: »Du bist der Gott, der Wunder tut« (Psalm 77,15).

Erste Schritte auf neues Land

Ich kündigte. Mein Chefredakteur riet mir, aufzupassen, um nicht eines Tages als »Streusand vor der Weltrevolution« hergefegt zu werden. Solch ein Satz hört sich heute pathetisch an. Damals, als er gesprochen wurde, meinte jener Mann es bitter ernst. Ich tat ihm Leid. Aber außerdem sah er in mir einen Abweichler.

Dreimal suchte die Sicherheitspolizei nach mir. Jedes Mal war ich nicht dort, wo mich die Häscher vermuteten. Ich bekam es nun doch mit der Angst zu tun und setzte mich nach West-Berlin ab.

Dort wusste ich Freunde meiner Eltern, die sich um mich kümmerten und eine methodistische Gemeinde, in der ich unterschlüpfen konnte. Ich fand eine Anstellung als Gemeindehelfer und Jugendleiter.

Die Freude über das Erleben des Von-Gott-gerufen-Seins war so groß, dass ich den inneren Auftrag spürte, anderen davon zu erzählen. Es ist etwas Geheimnisvolles, wenn man sich dessen bewusst wird, dass ein Plan gefasst wird, der nicht nur aus dem eigenen Wollen allein erwächst. Manchmal ist es fast ein wenig unheimlich sich vorzustellen, dass Gott einem Gedanken schenkt, die einem selbst nie gekommen wären. Ich habe damals zum ersten Mal Gottes Allmacht in überwältigender Weise gespürt. Er machte mir klar, dass ich von ihm sprechen sollte. Ich hatte keine Vorstellung davon, wie das zu geschehen habe. Freunde rieten mir, Theologie zu studieren und Prediger des Evangeliums zu werden.

Die Methodistenkirche hatte – so wie es die Evangelisch-methodistische Kirche (EmK) noch heute praktiziert – die Ordnung, dass junge Menschen, die auf dem Theologischen Seminar der Kirche studieren wollen, von einer Gemeinde zu »empfehlen« sind. Die Bezirkskonferenz (der Gemeindevorstand) spricht eine solche Empfehlung aus – oder auch nicht. Nach anderthalb Jahren wurde die Empfehlung ausgesprochen.

Während des Studiums faszinierte mich der »Vater des Methodismus«, John Wesley (1703-1791). Ich wusste damals noch nicht, welche Bedeutung sein Lebensmotto »The world is my parish« einmal für mich haben würde. Früher übersetzte man diesen Satz »Die Welt ist mein Kirchspiel«, heute ist vielleicht verständlicher, wenn man sagt: »Die ganze Welt ist mein Gemeindebezirk«.

Jeder, der selbst seine Bekehrung bezeugen kann, empfindet, wie sich John Wesley gequält haben muss, bis er begriff, dass Gott ihn liebte. Lange Zeit hielt er sich für einen Christen, bis ihm klar wurde, dass ihm »das Eigentliche« noch fehlte. In seinem Tagebuch beschreibt er diese Wandlung:

»Am Abend ging ich sehr ungern in eine Gemeinschaft in der Aldersgate-Straße, wo man Luthers Vorrede zum Römerbrief vorlas. Ungefähr 1/2 vor 9, beim Lesen der Stelle, welche die Wandlung schildert, die Gott im Herzen durch den Glauben an Christus bewirkt, wurde es mir seltsam warm ums Herz. Ich ward inne, daß ich für mein Seelenheil auf Christus, auf Christus allein vertraute; und die Gewissheit wurde mir gegeben, dass er meine Sünden, ja gerade die meinen hinweggenommen und mich vom Gesetz der Sünde und des Todes erlöst hatte.

Ich fing an, aus allen Kräften für die zu beten, die mich in besonderer Weise beleidigt und mich verfolgt hatten. Ich bezeugte dann öffentlich vor der ganzen Versammlung, was ich jetzt zum ersten Mal innerlich erlebte. Aber es dauerte nicht lange, so flüsterte der Feind mir ein: ›Dies kann kein Glaube sein, denn wo ist deine Freude?‹ Dann wurde mir bedeutet, dass der Friede und der Sieg über die Sünde für den Glauben an den Herzog unserer Seligkeit wesentlich sind, dass aber die überschwengliche Freude, die gewöhnlich den Anfang des Glaubens begleitet, besonders bei denen, die vorher in großer Traurigkeit waren, von Gott manchmal gewährt und manchmal vorenthalten wird, je nach dem Ratschluss seines Willens« (Henry Carter: »Das Erbe Johannes Wesleys«, Seite 46).

Wesley schreibt, dass nach dieser Erfahrung nicht etwa alle Probleme seines Lebens gelöst waren. Auch mit dem »Seelenfrieden« war es nicht weit her. Er berichtet, dass er von »Versuchungen übel heimgesucht« wurde. Da schrie er zu Gott und danach erst wurde er ruhig.

Mich tröstete solche Erfahrung Wesleys. Theologie studieren heißt ja keinesfalls, vom Alltag losgelöst leben zu können. Da gab es geistige Auseinandersetzungen und geistliche Kämpfe, finanzielle Engpässe, Krankheit, Klatsch, Meinungsverschiedenheiten und Anfechtungen körperlicher und seelischer Art. Einige Kommilitonen gaben auf.

Es ist nicht die eigene Kraft oder Intelligenz, die uns über Durststrecken oder durch »dunkle Täler« hindurchkommen lässt. Wenn

Gott nicht durchträgt und immer wieder Berufungsgewissheit schenkt, kann solches Studium vertane Zeit sein.

Horizonterweiterung

Dr. Paulus Scharpff, einer der Dozenten, gab damals gerade sein kleines Schriftchen heraus: »Das Christuszeugnis von Mensch zu Mensch.« Im Laufe der nächsten Jahre ist viel Literatur ähnlichen Charakters veröffentlicht worden. Nur keiner hat es mehr in einer so bemerkenswerten Kürze geschafft wie Paulus Scharpff. Er sprach und schrieb sachkundig über »Evangelisation« und »Methodismus«. Nicht zuletzt hat er wohl auch aus der Beschäftigung mit dieser Materie das Standardwerk geschrieben: »Geschichte der Evangelisation«. Scharpff hat schon in den 50er-Jahren davor gewarnt, von einer evangelistischen Aktion als solcher Wunderdinge zu erwarten, wenn nicht gründlich vorgearbeitet wird, wenn die Gemeinde nicht die Aktion betend vorbereitet, wenn nicht die Gemeindeglieder systematisch einladen, und zwar lange, lange bevor eine Evangelisationswoche stattfindet.

Dr. Paul Huber öffnete mir den Zugang zum Alten Testament. Wenn ich meine Predigtdispositionen aus den vielen Jahrzehnten meines Verkündigungsdienstes durchschaue, bin ich selbst überrascht, wie oft ich alttestamentliche Texte in Predigten und Bibelarbeiten behandelte.

Der erste Bischof der Evangelisch-methodistischen Kirche, die sich aus der früheren Evangelischen Gemeinschaft und der Methodistischen Kirche gebildet hatte, war Dr. Carl Ernst Sommer. Er war mein Lehrer für Kirchengeschichte. Geschichtliche Trends im Zusammenhang sehen, die Wurzeln kennen lernen, aus der Vergangenheit lernen und für die Zukunft nutzen – das waren Erkenntnisse, die sich auch im späteren Leben immer wieder bewährten.

Einer der theologischen Lehrer, Wilhelm Thomas, kam aus der Schweiz. Er führte uns in die christliche Ethik ein. Das Überzeugende an ihm und seiner Frau war, dass wir beiden abspürten, dass sie mit dem Leben abdeckten, was er lehrte.

Und unvergessen auch der Professor für Griechisch und Neues Testament, Dr. Friedrich Wunderlich. Er war zugleich Direktor des Seminars und vielen von uns ein väterlicher Freund. Ich verdanke ihm eine sehr liebevolle Begleitung. Er war es – was ich damals noch nicht wissen konnte – den Gott einige Jahre später benutzte, um mich zu ermutigen, in die Radiomission zu gehen.

Während des Studiums suchten viele von uns, sich praktisch zu betätigen. Von der Seminarleitung wurden uns »Arbeitsfelder« zugewiesen. Dadurch kam ich zu einem Jahr unregelmäßiger Einsätze bei der Frankfurter Bahnhofsmission. In einem anderen Jahr war ich in einer Auswandererberatungsstelle tätig. Und wieder ein anderes Mal leitete ich eine Sonntagsschule. Das waren gute und nützliche Tätigkeiten, der Horizont weitete sich.

Schwierig war es in jener Zeit, finanziell über die Runden zu kommen. Manchmal hatte man nicht einmal das Porto für eine Briefmarke. Aber es gab doch so manchen Brief zu schreiben: an die Eltern, an Freunde und an die Frau, von der man je länger desto mehr dachte, sie könnte vielleicht die Frau fürs Leben sein.

Die politische Entwicklung im geteilten Land warf ihre Schatten auch in unsere Seminargemeinschaft. Die Regierung der DDR hatte 1952 beschlossen, dass künftige Pastoren der Methodistischen Kirche aus dem Osten nicht mehr im Westen studieren durften. Die Kirche im Osten war darum genötigt, eine eigene Ausbildungsstätte zu schaffen. Es war schmerzhaft, als auf einmal alle Brüder aus dem Osten, mit denen man jahrelang verbunden war, keine Erlaubnis mehr bekamen, im Westen weiterzustudieren. Sie setzten ihr Studium im neugegründeten Seminar in Bad Klosterlausnitz fort. Selten vorher oder nachher habe ich die Trennung unseres Landes so schmerzlich empfunden. Aber waren wir nun auch in der Arbeit bzw. im Studium getrennt, vereint blieben wir im Glauben und im Gebet.

In jenen Jahren war ich auf der Suche. Ich wollte wissen, welchen Platz mir Gott zuweisen würde oder schon zugewiesen hatte. Ich empfand es als schwierig zu unterscheiden zwischen Wünschen und Vorstellungen einerseits und seinem Plan mit meinem Leben andererseits. Durch manche Erfahrung wurde mir dann aber doch bewusst, dass er mich von Stufe zu Stufe führte. Es war etwas Wunderbares, mit Gottes Allmacht rechnen zu können.

GOTT BEFÄHIGT ZUM DIENST

Ein methodistischer Pastor bekommt Jahr für Jahr eine Dienstzuweisung. Das geschieht bei den so genannten »Jährlichen Konferenzen«. Ich wurde 1954 »zweiter Pastor« für den Gemeindebezirk Berlin-Tegel, zu dem auch eine Nebenstation in Wittenau gehörte.

Pastor in Berlin

Dort trafen sich etwa dreißig bis vierzig Menschen in einem großen Wohnzimmer, das ein der Gemeinde verbundenes Ehepaar zur Verfügung stellte. Gott schenkte Gnade. Die kleine Gemeinschaft wuchs, und man fragte sich ernstlich: »Wo sollen die Besucher unserer Veranstaltungen künftig sitzen?« Deshalb fassten wir den Plan, ein Gemeindehaus mit Kirchensaal zu bauen. Es kam zu einer sehr guten Zusammenarbeit mit Günter Fröhlich, dem so genannten Gemeindevertreter jener Gemeinde. Methodistische Gemeinden sind in ihrer »Jährlichen Konferenz« jeweils vertreten durch den zuständigen Pastor und einen Gemeinde- oder Laienvertreter. Günter Fröhlich war Magistratsrat in Berlin und besaß große Tatkraft und kindlichen Glauben. Er machte ein Grundstück ausfindig, nur 60 Meter entfernt von jenem Platz, wo wir unsere regelmäßigen Veranstaltungen hatten. Im Glauben wagten wir den Schritt eines größeren Bauvorhabens.

Gottesdienst im Restaurant

Nur ein Jahr hatte ich mich dem Aufbau der kleinen Gemeinde in Berlin-Wittenau widmen können, dann wurde mir noch ein zweiter Platz zugeteilt: Berlin-Spandau. Auch diese Gemeinde hatte kein eigentliches Heim. In einem riesigen Neubaugebiet, nahe der damaligen Sektorengrenze, konnte die Gemeinde lediglich eine Gaststätte mieten, in der sie sich sonntags traf. Es roch nach abgestandenem Bier und kaltem Zigarettenqualm von der vergangenen Nacht, wenn wir den Raum betraten. Bevor die Gottesdienstbesucher eintrafen, mussten die Möbel umgeräumt werden, die Tische an die Seite, die Stühle hintereinander. Ein Tisch sauber gedeckt, mit Blumen geschmückt, dazu Kerzen und ein kleines Pult, und das war's. Die Veranstaltungen mit den Kindern und jungen Leuten wurden während der Woche nachmittags in den Räumen der dortigen Schule abgehalten. Die erschwerten Raumverhältnisse hinderten jedoch das Leben in der Gemeinde nicht. Da kamen Menschen, die nach Gott fragten. Da gab es Männer und Frauen, die erkannt hatten, dass sie Jesus brauchten, um ihr Leben sinnvoll zu gestalten. Ich habe viele Besuche gemacht, um die Menschen in ihrem Alltag kennen zu lernen. Die Gemeinde hat dem Anfänger viel Vertrauen entgegengebracht. Mit den jungen Leuten des Jugendkreises diskutierte ich oft bis in die Nacht hinein.

In Wittenau wurde eine schmucke kleine Kirche mit Nebenräumen für die Kinder- und Jugendarbeit gebaut. Die Fertigstellung des Baus erlebten wir leider nicht mehr. Auch am Bau einer Kirche in Spandau hatten wir keinen Anteil mehr, denn im Sommer 1956 erreichte mich der Telefonanruf des Superintendenten. Nach zwei, drei einleitenden Sätzen fragte er: »Was würdest du sagen, wenn wir dich nach Wien versetzten?« Seine Frage verschlug mir die Sprache. Ich wusste im Augenblick gar nichts zu antworten. Ich weiß nicht, wie er mein Schweigen wertete. Er erklärte, dass es dort im 15. Wiener Bezirk, einem Arbeiterbezirk, einen großen Gemeindesaal gebe und eine Gemeinde, die auf einen missionarisch gesinnten Pastor warte. Er und der Dienstaufsicht führende deutsche Bischof seien sich mit dem für Österreich zuständigen Bischof, Ferdinand Sigg, einig geworden, mich nach Wien zu senden. »Na, was sagst du?«, wollte er wissen. Ich sprach von den beiden aufblühenden Gemeinden in Berlin, sagte dann aber, dass ein solcher Auftrag in Wien mich schon reizen würde und dass ich, vorausgesetzt meine Frau ginge mit, sicher auch bereit wäre, diesen Dienstauftrag anzunehmen. Seine Antwort: »Gut, dass du ja gesagt hast. Wenn du nicht ja gesagt hättest, hätten wir dich trotzdem geschickt!« So hart waren damals noch die Bräuche in einer evangelischen Freikirche.

Dennoch sind wir mit großer Erwartung im Sommer 1956 von Berlin nach Wien umgezogen. Das war verhältnismäßig kompliziert, denn wir mussten ja von West-Berlin durch die DDR und dann über Westdeutschland nach Österreich. Alle meine Bücher mussten in einer Liste aufgeführt werden. Zum Glück brauchte ich das nicht selbst zu erledigen. Die Speditionsfirma tat es für mich. So kam ich zu einer guten Auflistung meiner Bücher.

Aber nun spreche ich schon von »wir«.

Die Frau fürs Leben

Seit Kindertagen waren meine Eltern und die Eltern meiner Frau befreundet. Die Familien besuchten sich gegenseitig. Wir kannten uns. Wir spielten zusammen. Wir machten unsere Pläne zusammen. Auch als die Familien geographisch voneinander getrennt waren, hielten wir den Kontakt. Georg und Helene Mittelstädt hatten drei Kinder: Irene, Wolfgang und Gerhard. Irene war mir die Liebste in der Familie. Wenn ich sie mit anderen jungen Frauen verglich, denen ich begegnete, schien sie mir die Begehrenswerteste. Meine Eltern hatten bis 1939 in Berlin gewohnt. Bis dahin gab es einen sehr intensiven Kontakt der beiden Familien. Seit unserem Umzug im Jahre 1939 nach Breslau und während der Kriegszeit wurde die Verbindung etwas lockerer. Aber dann, als

Berlin unter den Bomben litt, kam Mutter Mittelstädt mit ihren drei Kindern zu uns nach Breslau und lebte dort einige Monate, bis sich andere Ausweichmöglichkeiten boten. Schon damals haben Irene und ich Zuneigung füreinander empfunden (seither nehme ich die Liebe im Leben von Heranwachsenden sehr, sehr ernst). Während meiner Zeit als kommunistischer Journalist – ich stand ja schon auf eigenen Füßen – fasste ich den Entschluss, sie zu fragen, ob sie nicht meine Frau werden wolle. Ich war zutiefst verletzt, als ihre Antwort hieß: »Einen Kommunisten heirate ich nicht!« Diese herbe Abfuhr verletzte, aber ernüchterte auch. Ich habe manches Mal gedacht, dass Gott vielleicht auch diese entschiedene Abfuhr gebraucht hat, um mich nachdenklicher zu stimmen und mir nachher den Abschied vom Kommunismus zu erleichtern.

Kurz vor Beginn der Studienzeit und noch stärker während der Studienzeit wurden wir beide uns dessen gewiss, dass wir von Gott füreinander bestimmt seien. 1954 haben wir uns verlobt, 1955 geheiratet. 1956 wurde uns unsere Christiane-Regina geschenkt. Als das erste Kind geboren war, gab meine Frau ihre berufliche Tätigkeit auf. Und das war gut, denn ein Vierteljahr später ging es nach Wien. Gott vertraute uns in den folgenden Jahren noch drei weitere Kinder an: Jörg Ulrich (1957), Dorothea Susanne (1961) und Gabriele Bettina (1963).

Von der Spree an die Donau

Der Sommer neigte sich seinem Ende entgegen, als wir in Wien eintrafen. Uns zu Ehren wurde die Wohnung renoviert. Die Maler waren aber noch nicht fertig, als wir kamen. Darum mussten wir in den ersten Nächten provisorisch untergebracht werden. Das empfanden wir nicht gerade als einen glücklichen Start. Wehmütig dachten wir an Berlin und an die aufblühenden Gemeinden zurück. Einige Menschen – das wussten wir – hätten weiterer geistlicher Betreuung bedurft. Es war nicht leicht, sie zurückzulassen.

Der Schritt von der Spree an die Donau war groß. Und – was wir in Berlin noch nicht wussten – zwar sprach man auch in Wien deutsch –, aber wir waren für Österreicher »die von draußen«. Deutsche waren zu der Zeit nicht allzu beliebt. Zu tief saßen noch die Wunden des Krieges. Die Russen waren eben erst abgezogen. Alles sah noch recht wüst aus.

Die Gemeinde, die wir antrafen und in der wir unseren Dienst tun sollten, war zu der Zeit eine Gemeinde, die ganz auf Betreutwerden eingestellt war. Ein amerikanischer Missionar, aus China ausgewiesen, war auf dem Heimweg von Asien nach Amerika in Wien zwischengelandet. Er besuchte jene Gemeinde, fand sie ohne Hirten und folgte bereitwillig der Einladung, die Leitung zu übernehmen. Er fand soviel Elend im Nachkriegs-Österreich, dass er Hilfssendungen aus Amerika organisierte: Decken, Kleider, Schuhe, Verpflegung. Frank Argelander, so hieß jener Missionar, war ein frommer, außerordentlich selbstloser Mensch, seine Frau eine Mutter für jeden, der zur Gemeinde kam oder an ihre Tür klopfte.

Nun kamen ein neuer Pastor mit Frau und gerade geborenem Töchterchen, der in allem das Gegenteil des bisherigen Gemeindehirten war: nicht alt, sondern jung; nicht über die Maßen gütig, sondern recht forsch; nicht Organisator für Hilfslieferungen, sondern Empfänger eines kleinen Gehalts, ohne hilfsbereite Freunde im Ausland.

Schwere Monate begannen. Pastor und Gemeinde spielten sich nur langsam aufeinander ein. Wir merkten bald, dass Menschen in Berlin auf vieles anders reagierten als die Wiener. Allein die Sprache – wieviel netter klang das alles in Wien! Wir bemühten uns, die Wiener – im wahrsten Sinne des Wortes – zu verstehen. Deren Dialekt erwies sich leider als durchaus nicht einheitlich. Manchmal schien es uns, als spräche jeder Bezirk seine eigene Sprache. Aber es war nicht nur der Dialekt, sondern auch die Lebensauffassung. Wir fragten uns ernstlich, ob es in Wien bzw. Österreich vielleicht auch ein eigenes Glaubensverständnis gäbe. Entwaffnend für uns »Preußen« waren Liebenswürdigkeit und Charme der Menschen, mit denen wir es nun zu tun hatten.

Bald entdeckten wir, dass kein noch so charmanter Wiener und keine noch so schicke Wienerin sich und andere darüber hinwegtäuschen konnten, dass auch in dieser schönen Stadt die Sünde herrschte, auch wenn man hier vieles leichter zu nehmen schien als anderswo.

Da war es gut, dass nicht der »Pastor von draußen« den Oberlehrer spielen musste, sondern dass die Gemeinde selbst geistliche Kraft entwickelte, die Treuen ermutigte und andere, die weniger verbindlich in der Gemeinde leben wollten, korrigierte.

Wir entdeckten manches Defizit in der Gemeinde, sagten uns aber andererseits, dass es die Gemeinde mit diesem jungen Pastorenehepaar auch nicht so leicht habe. Gut, dass wir Gottes Wort hatten als Basis für Glauben und Dienst. Gut, dass wir zwar Bekehrung predigen durften, aber keinen zu bekehren hatten. Das überließen wir getrost Gott. Wir mussten die Gemeinde nicht bauen. Er, der Herr, ist der Baumeister. Das tröstete uns. Dass viele in der Gemeinde in eine »Was kriege ich denn als nächstes aus Amerika?«-Mentalität verfallen waren, wurde sehr bald sichtbar und stimmte uns traurig.

Zweihundertfünfzig hungrige Mäuler

1956 brach in Ungarn der große Aufstand aus und wurde niedergeschlagen. Zehntausende Ungarn flüchteten nach Österreich, Alte und Junge, Familien mit Kindern, auch Kinder ohne Familie. Es fehlte an Quartieren im Land. Da wurden wir gefragt, ob wir bereit wären, angesichts dieser Notlage unseren Kirchensaal in ein Flüchtlingslager umzugestalten. Der Raum war – bevor er in einen Kirchensaal umgebaut wurde – als Tanzsaal genutzt worden. Er erschien uns riesengroß. Die Gemeinde war eigentlich zu klein für diesen Saal. Die Gottesdienstbesucher hätten auch in einen der

Nebenräume gepasst. Wir entschlossen uns darum, den »großen Saal« für Flüchtlinge zu öffnen und mit der Gemeinde in den so genannten »kleinen Saal« zu ziehen.

Kirchensaal wird Flüchtlingslager

Mit Hilfe handwerklich Begabter zimmerten wir im Kirchensaal eine Trennwand. Rechts eine Lagerstatt für Männer, links für die Frauen. Von einer Organisation für Katastrophenhilfe bekamen wir Betten, Strohsäcke und einige Decken. Kaum war das »Lager« einigermaßen fertig, kamen die ersten Flüchtlinge. In wenigen Tagen wuchs ihre Zahl auf 250.

Es war kurz vor Weihnachten. Immer wieder wurden wir an das Wort erinnert »... denn sie hatten sonst keinen Raum in der Herberge.« Zwar erwarteten wir nicht Maria und Josef, dennoch – wir wollten auch im Blick auf andere Notleidende nicht, dass sich im Winter 1956 wiederholen würde, was damals in Bethlehem geschah: kein Platz in der Herberge! Wir jedoch wollten die Tür öffnen und eine Unterkunft bieten. Mit Schrecken fragten wir uns allerdings, wie wir so viele Menschen verpflegen sollten, und ob die sanitären Einrichtungen des Kirchengebäudes reichen würden.

In jenen Tagen haben wir Gottes Versorgung ganz eindrücklich erfahren. Auf einmal – gleichsam über Nacht – wurde aus einer Gemeinde, die nur betreut sein wollte, eine Schar von Menschen, die andere betreuten. Frauen halfen in der Küche und bei der Kleiderausgabe. Männer nahmen sich Zeit, um mit anzupacken, wo es nötig war. Wer immer Möglichkeiten hatte, begleitete die Flüchtlinge zum Arzt oder zu den Behörden. Alle Ungarn bemühten sich um rascheste Auswanderung. Bei einigen klappte es schneller, andere mussten warten.

Ursprünglich waren wir darauf eingestellt, für ein paar Tage zu helfen. Aber es wurden Wochen und Monate daraus. Die erforderliche Hilfe war von der Gemeinde allein nicht mehr zu leisten.

Darum war es ein großes Geschenk, dass uns das Mennonitische Zentralkomitee amerikanische Wehrdienstverweigerer zur Hilfe sandte. Internationale Hilfsorganisationen schickten Kleidung, Schuhe und Verpflegung. Auch finanziell wurde uns unter die Arme gegriffen.

Ich führte Andachten ein, die übersetzt wurden. Mit einigen Flüchtlingen gab es nächtelange Gespräche über die Ungerechtigkeit der Welt, die Unberechenbarkeit des Kommunismus, über Jesus Christus und den Glauben an ihn. Mit einem der damaligen Flüchtlinge korrespondierte ich bis zu dessen Heimgang fast vier Jahrzehnte hindurch.

Abhängig von Gott

Diese Zeit der Flüchtlingsbetreuung, eine Periode der völligen Abhängigkeit von Gottes Hilfe, war eine wunderbare Vorbereitung auf unseren späteren Dienst beim Evangeliums-Rundfunk. Wenn es sein muss, das lernten wir, kann Gott eine kleine Schar von Menschen über Nacht befähigen, 250 Menschen zu versorgen. Natürlich fiel die Hilfe nicht aus den Wolken. Viele Gänge waren nötig, Briefe und Telefonate. Dass internationale Organisationen so rasch halfen und so ausreichend – das war beeindruckend. Gott hatte weltweit offensichtlich eine große Armee von Helfern.

Als die Flüchtlingswelle verebbte und nur noch einige junge Menschen zurückblieben, die aus diversen Gründen (meist weil sie noch nicht alt genug waren) nicht vermittelt werden konnten, bauten wir ein Mädchenheim für ca. 25 Bewohnerinnen.

In Berlin hatten wir gewagt, einen Kirchenbau zu beginnen. Aber bald nach der Grundsteinlegung ging es nach Wien. Nun organisierten wir den Bau eines zweistöckigen Gebäudes und die Renovierung des endlich wieder frei gewordenen Kirchensaales.

Es ist eine der sich wiederholenden Erfahrungen aus den frühen Jahren meines Dienstes, dass Gott sich nichts schenken lässt:

kein Geld, keine Kraft, keine Zeit. Über die Maßen großzügig gibt er zurück: Wir bekamen Gelder aus dem Ausland für den Bau, internationale Arbeitsgruppen kamen, um zu helfen, und auch die Zeit, die wir eingesetzt hatten zur Betreuung Notleidender erstattete Gott in bewegender Weise.

Ich halte die Hausbesuche eines Pastors für sehr wesentlich und habe darum auch während meiner Zeit als Gemeindepastor viele Hausbesuche gemacht. Während der Zeit der Flüchtlingsbetreuung blieb dafür allerdings nicht genügend Zeit, und ich machte mir Gedanken, was wohl werden würde, und ob sich das nicht nachteilig auswirken könnte. Gott benutzte die Notlage, um einige Männer und Frauen in der Gemeinde aufzurufen, vermehrt geistliche Verantwortung zu übernehmen. Es entstanden kleine Hauskreise und Bibelgruppen. Ich nahm mir Zeit, die Leiter dieser Gruppen zu schulen. Sie gaben das Gelernte weiter. Das wirkte sich belebend für die ganze Gemeinde aus. Die Zahl der Besucher von Bibelstunden und Gottesdiensten wuchs. Als der Kirchensaal wieder eingeweiht wurde, füllte die Gemeinde ihn fast. Auch dem Evangelium fern stehende Menschen kamen. Suchende wurden vom Evangelium erfasst, öffneten sich für die Botschaft von Jesus Christus und begannen ihrerseits, andere Menschen einzuladen. Jetzt machte es Freude, in dieser Gemeinde Dienst zu tun.

Was wir kaum zu hoffen gewagt hatten, als wir mit der Flüchtlingsbetreuung begannen, war offensichtlich geworden: Gott gibt. Er gibt reichlich, wenn wir uns um Notleidende kümmern und bereit sind zu teilen, auch wenn wir selbst nur wenig haben.

»Einen fröhlichen Geber hat Gott lieb« (2. Korinther 9, 7) – diese Erfahrung des Apostels Paulus bewahrheitete sich auch in unserem Leben und Dienst.

Gottes Wirken und sein helfendes Eingreifen mitzuerleben, stärkten den eigenen Glauben ungemein.

GOTT IST GROSS

Verkündigung im Rundfunk?

Während der Zeit in Wien und auch vorher schon in Berlin hatte ich gelegentlich darüber nachgedacht, wie großartig es sein müsste, wenn man die Verkündigung des Evangeliums und Rundfunksendungen miteinander verbinden könnte. Es gab zwar in Deutschland über die Sender der ARD und in Österreich über den Österreichischen Rundfunk christliche Sendungen – aber das waren doch nur kurze Momente, ein paar Minuten am Beginn des Tages und sonntags zur Gottesdienstzeit. Seinerzeit gab es zwar noch den so genannten Kirchenfunk. Dessen Sendungen waren aber häufig eher kritische Fragen an die Kirchen und den christlichen Glauben und nicht so sehr Programme, die zum Glauben riefen oder Gläubige ermutigten. Wie gern hätte ich an einem der Sender christliche Programme gestaltet.

Im Laufe der Jahre verlor sich der Gedanke, Gott könnte mich beim Rundfunk gebrauchen. Ich dachte vielmehr: Die Zeit beim Sender in Potsdam war wohl nur eine Durchgangsphase. Ich gewann den Eindruck, dass Gott mich vielleicht nur deshalb in den Journalismus geführt habe, um mich dort mit seinem Ruf zu erreichen. Damit konnte ich leben. Das Kapitel »Rundfunk« war damit – so meinte ich – abgeschlossen.

1959 hatte ich in Salzburg den Geschäftsmann Arthur Parizek kennen gelernt. Arthur war Ältester in der dortigen Baptistengemeinde. Er sang gerne und leitete dort den Chor. Aus eigenen Mitteln hatte er sich in seinem Haus ein Studio gebaut. Dort produzierte er evangelistische Programme, die er als »Glocken der Gnade« über die Station »Stimme von Tanger« ausstrahlte. Die Sendezeit musste er vom Betreiber der Station kaufen. Arthur lud mich ein, in seinem Studio einige Ansprachen aufzunehmen, die im Rahmen seiner Sendungen ausgestrahlt werden sollten.

Warum gerade von Tanger?

1948 fand an der Bibelschule in Beatenberg eine internationale Konferenz der »Jugend-für-Christus«-Bewegung statt. Viele Männer, die später sehr bekannt geworden sind, gehörten zu den Besuchern. Darunter waren Billy Graham, Bill Bright von Campus für Christus und neben anderen auch der Amerikaner Dr. Paul E. Freed (1918-1996), der durch die Arbeit in der »Jugend-für-Christus«-Bewegung mit Billy Graham bekannt war. Diese damals sehr jungen Männer beschäftigten sich mit der Frage, wie die ganze Welt mit dem Wort Gottes erreicht werden könnte, besonders auch das noch immer unter der Last des Zweiten Weltkriegs leidende Europa.

Unter den zahlreichen Delegierten befanden sich auch zwei Spanier. Dringend baten sie um Mitarbeiter für die Missionsarbeit in ihrem Land. Einen der Konferenzteilnehmer ließ diese Bitte nicht los. Das war Paul Freed. Nach dem Besuch des »Missionary Training Institute« in Nyack im Staat New York hatte Paul Freed einige Jahre in der Arbeit von »Jugend für Christus« in South- und North Carolina gewirkt. Dr. Ralph Freed (1892-1973) und Mildred Freed († 1955), seine Eltern, hatten als Missionare in Syrien gearbeitet, nicht weit entfernt von den Golanhöhen. Paul Freed wuchs daher in einer lebendigen Begeisterung für die Mission auf.

Unmittelbar nach dem Ende der Konferenz fuhr Freed mit den beiden Delegierten nach Spanien, wo er die meist kleinen Gruppen gläubiger Christen besuchte, evangelistische Gottesdienste abhielt und das Leben in spanischen Familien kennen lernte. Es war die Zeit der Franco-Herrschaft. Missionare – vor allem, wenn sie aus dem Ausland kamen –, wurden, sofern sie versuchten, das Evangelium in den verschiedenen Provinzen und Städten zu verkündigen, bereits nach verhältnismäßig kurzer Zeit des Landes verwiesen.

Als er sich fragte, wie er trotz der politischen Schwierigkeiten das Evangelium nach Spanien hineintragen könnte, wurde ihm bewusst, dass die einzige Antwort zur Lösung des Problems das

Radio sei. Später schrieb er: »Nichts konnte das Land über Berg und über Tal von Madrid im Inland bis Cadiz an der Küste so umfassend erreichen wie der Rundfunk. Außer der Idee hatte ich aber auch rein gar nichts! Es fehlte jede finanzielle Grundlage. Kein Plan war da, und ich hatte keine blasse Ahnung, wie man solches Unternehmen angehen könnte.«

Doch wusste sich Paul Freed innerlich zu diesem Dienst beauftragt. Er begann dafür zu beten, lud andere ein, mit ihm Gott um Hilfe und Weisung zu bitten. Langsam entstand ein Freundeskreis, der bereit war, den Plan zu unterstützen. Bald merkte er, dass es in Spanien nicht möglich sein würde, einen Radiosender zu bauen. Er sah es als freundliche Fügung Gottes an, dass er auf Tanger aufmerksam gemacht wurde, wo er Menschen traf, die ihm zu einem Grundstück verhalfen, und – was noch viel wichtiger war – dass er einen amerikanischen Lizenzinhaber traf, der ihm das Angebot zu einer gemeinsamen Arbeit machte. Die Organisation, die der Lizenzinhaber vertrat, hieß »Southworth International«. Er hatte den Plan, den Sender und die Antennen errichten zu lassen und die ganze Anlage an Trans World Radio zu verpachten. Es stellte sich auch heraus, dass inzwischen mehrere Menschen dafür beteten, Gott möge doch einen Sender an diesem Platz für die Ausbreitung des Evangeliums schenken.

Allerdings brauchte man nun auch eine Führungskraft, die fähig war, die Verwaltung zu organisieren, die Arbeit zu planen und einen wachsenden Mitarbeiterstab zu leiten. Auf der Suche nach dem geeigneten Mann kam Paul Freed sehr bald auf die Idee, seinen Vater Ralph Freed darauf anzusprechen.

Ralph Freed war vor seiner Bekehrung in der Verwaltung einer Büromaschinengesellschaft in Detroit/USA tätig gewesen. Organisieren, stabilisieren, koordinieren, das waren Aufgaben, die ihm lagen. Allerdings war er gerade zum Leiter des Western Canadian Bible Institutes in Regina/Kanada ernannt worden. Dennoch erklärte er sich – damals 61-jährig – nach einer Zeit des Gebets bereit, seinem Sohn bei der Durchführung dieses Unternehmens zu helfen.

Eines Tages trafen sich Freed sen. und Freed jun. mit dem Lizenzinhaber. Die drei suchten Kontakt mit den Behörden und erhielten tatsächlich 1954 die Genehmigung, einen Sender zu betreiben. Die Sendestärke von 2 500 Watt war verhältnismäßig gering und doch kamen Hörerbriefe aus West- und Osteuropa, aus den Ländern Nordafrikas und des Nahen Ostens. Die Reaktionen waren so ermutigend, dass ein Jahr nach Öffnung ein vierfach verstärkter Kurzwellen(KW)-Sender in Betrieb genommen werden konnte und ein Jahr darauf ein weiterer Sender mit 10 000 Watt. Obwohl die Arbeit dieses Senders mit viel Gebet begleitet wurde und obwohl so viele Hörer dankbar reagierten, ließ Gott es zu, dass der Sendebetrieb Ende 1959 eingestellt werden musste. Marokko hatte inzwischen seine staatliche Souveränität erlangt. Tanger war nun ein Teil dieses Staates. Schon längere Zeit hindurch waren alle nicht-staatlichen Radiostationen auf die bevorstehende einschneidende Änderung hingewiesen worden.

Paul Freed sah diese Entwicklung voraus. Er hatte darum – unterstützt von seinem Vater Ralph Freed – versucht herauszufinden, ob von irgendeiner anderen Stelle Europas christliche Radioprogramme ausgestrahlt werden könnten. In Monaco bei Radio Monte Carlo war er fündig geworden.

Es geht weiter

Ein verwegener Vertrag kam zustande. Radio Monte Carlo verpflichtete sich, für Trans World Radio (TWR) – so nannte sich die Nachfolgeorganisation der »Stimme von Tanger« – einen 100 000 Watt starken KW-Sender zu bauen. Der Sender würde mit acht Spezial-Richtstrahlern ausgerüstet werden. Versierte Fachleute versicherten, dass dadurch ein guter Empfang überall in Europa zu erwarten sei.

Normalerweise dauert es viele Monate, bis ein Rundfunksender und die dazu erforderlichen Antennen bestellt, gebaut, geliefert, aufgestellt und getestet sind. In diesem Fall aber sollte alles viel schneller gehen. Die Indonesische Regierung hatte den Bau eines

Senders in Auftrag gegeben, dann aber diesen Auftrag zurückgezogen. Stattdessen erklärte sich TWR bereit, den Sender abzunehmen. Die Freude der Radiomissionare, aber auch der Herstellerfirma, war groß. Paul Freed und seine Mitarbeiter sahen hinter dieser Entwicklung die freundliche Nachhilfe Gottes. Als Gottesgeschenk wurde auch empfunden, dass dem neuen Sender sechs verschiedene Wellenlängen zugeteilt wurden. Radio Monte Carlo stellte TWR seine gesamte Kurzwellenkapazität zur Verfügung.

Nun mussten die Missionare übersiedeln. In Tanger hatten sie schon saftige Preise für Mieten und Dienstleistungen akzeptieren müssen. Jetzt wurde vieles noch teurer. Die Mieten für Wohnungen und Büroräume erreichten bis dahin unbekannte Höhen.

Ein Ort für das Studio musste gefunden werden. Das Unwahrscheinliche gelang: TWR begann in Monte Carlo bald mit einzelnen Abteilungen seine Arbeit. Englische, russische, tschechische, ungarische und polnische Programme wurden produziert. Für andere Sprachen wurden diese Sendungen an anderer Stelle vorbereitet und per Tonband nach Monte Carlo geschickt.

Die Studios von TWR arbeiteten anfänglich auf Cap Ferrat, einer französischen Halbinsel, nicht weit entfernt von Monte Carlo. In Monaco hatte man einfach auf die Schnelle nicht genügend Raum anmieten können.

Die TWR-Mitarbeiter erlebten in diesen Monaten erneut die Größe Gottes, der nicht nur half, einen Ersatz für Tanger zu finden, sondern gleich einen Sender parat hielt, der Mitarbeiter motivierte und der die TWR-Leute auf geeignete Räume aufmerksam machte. Ein paar Mal sah es so aus, als ob der Sendebetrieb bereits im Sommer 1960 würde beginnen können, doch es wurde Herbst. Am 16. Oktober 1960 endlich strahlte TWR die erste englischsprachige Sendung aus.

Wo soll das nötige Geld herkommen?

Ralph und Paul Freed suchten überall in Europa und Amerika Freunde, die bereit waren, sich für TWR einzusetzen, für ein gutes Gelingen zu beten und die erforderlichen Finanzen mit aufzubringen.

Der neue Sender erforderte 2, 5 Millionen Mark. Radio Monte Carlo legte einen Vertragsentwurf vor, der von vielen, die ihn lasen, abgelehnt wurde, darunter einem Rechtsanwalt und christlichen Geschäftsleuten. Nur Ralph und Paul Freed aus Amerika, Hermann Schulte aus Deutschland, ein paar Freunde aus der Schweiz und einige Norweger ließen sich für das Projekt gewinnen.

Seit die leitenden Männer von TWR wussten, dass eine Fortsetzung der Radiomissionsarbeit über Radio Monte Carlo möglich sein würde, arbeitete ein kleines Team sehr intensiv, aber keiner durfte darüber sprechen bis zur Vertragsunterzeichnung. So war es ausgemacht. Aber woher sollte das erforderliche Geld kommen, wenn doch gar keine Werbung möglich war? Entgegenkommenderweise sollte TWR den Riesenbetrag in Raten zahlen dürfen. Allerdings war in diesem Vertrag auch festgelegt worden, dass Radio Monte Carlo keine der bereits von uns gezahlten Raten zurückzuzahlen brauchte, wenn die Überweisung einer der nächsten fälligen Raten von uns nicht rechtzeitig erfolgen würde. Das aber hätte praktisch das Scheitern des Projektes bedeutet!

Der erste Betrag von 83 000 Dollar war zu zahlen bei Vertragsabschluss. Ein norwegischer Geschäftsmann überwies das Geld. Alle Beteiligten dankten Gott, dass sich dieser missionsbereite Helfer gefunden hatte. Die Termine für weitere Raten waren jedes Mal eine ungeheure Belastung und Glaubensprobe.

Die zweite Rate war am 28. November 1959 um 12 Uhr fällig. 350 000 DM waren diesmal aufzubringen. Um 11.30 Uhr fehlten noch rund DM 44 000. Paul Freed machte sich zu der Zeit auf den Weg zur Bank, schweren Herzens, nur noch 30 Minuten blieben ihm. Was dann? Plötzlich klingelte ein Radfahrer neben ihm: »Herr Freed, ein Eilbrief für Sie!« Im Kuvert ein Scheck über DM 32 000!

Einerseits dankbar, andererseits dennoch besorgt ging Paul Freed weiter. Woher sollten die noch fehlenden 12 000 DM kommen? Die Bank würde in wenigen Minuten schließen. Er betrat den Schalterraum. Ein netter Mitarbeiter erkannte ihn und rief ihm zu: »Herr Freed, soeben ist eine telegrafische Überweisung für Sie in Höhe von 12 000 DM eingegangen.«

Die Spannung blieb. Ende März 1960 sollte die dritte Rate gezahlt werden. Diesmal 425 000 DM. Am 20. März waren noch nicht einmal 65 Prozent dieses Betrages eingegangen. Tag für Tag beteten die Mitarbeiter. Es trafen weitere Spenden ein, aber am 30. März fehlten noch immer 13 000 DM. Erst gegen 16 Uhr gab die Bank bekannt, dass die ganze Summe eingegangen war.

So etwas mitzuerleben ist wie eine Illustration zu dem Bibelwort: »Sollte dem HERRN etwas unmöglich sein?« (1. Mose 18,14).

Der Evangeliums-Rundfunk wird gegründet

Paul und sein Vater Ralph Freed hatten in Deutschland den Verleger Hermann Schulte zur Mitarbeit gewonnen. Der suchte seinerseits Freunde und fand eine kleine Gruppe von Interessenten.

Sie gründeten am 19. Oktober 1959 in Wetzlar den Evangeliums-Rundfunk e.V. (ERF). Der ERF sollte und wollte die Interessen von TWR in den Ländern Europas vertreten, in denen Deutsch gesprochen wird.

Eines der Gründungsmitglieder war Arthur Parizek. Man hatte sich nach der Vereinsgründung in Wetzlar mit der gegenseitigen Versicherung getrennt, für eine gute Entwicklung des neuen Missionswerkes zu beten und nach geeigneten Mitarbeitern Ausschau zu halten.

Daheim angekommen, sprach Arthur Parizek mit seinem Freund Arnold (Noldi) Pfeifer, dem Leiter des Bibellesebundes in Österreich. Der kannte mich von einer gemeinsamen Evangelisation in Graz. Dort hatte er gehört, wie Jesus Christus in mein Leben getreten war, und wie Gott mich zum Glauben geführt hatte.

Arthur Parizek und Noldi Pfeifer dachten sehr bald an mich. Der Pastor, der früher ein Rundfunkjournalist war, schien ihnen eine gute Kombination für einen Mitarbeiter, wie er in Wetzlar gesucht wurde.

Da die rechtliche Lage in Deutschland seinerzeit keinerlei private Rundfunkmöglichkeiten gestattete, waren einige missionarisch gesinnte Christen auf die Idee gekommen, ausländische Radiostationen zu nutzen.

Einer der wenigen Visionäre war der Schallplattenverleger Hermann Schulte aus Wetzlar. Er begann 1957 mit der Ausstrahlung seiner Sendung »Frohe Botschaft im Lied« über Radio Luxemburg. Auch andere Missionswerke kauften Sendezeit bei Radio Luxemburg. Hermann Schulte hatte jedoch erfahren, dass es auch möglich sei, über die »Stimme von Tanger« Sendungen auszustrahlen. Er fand dort einen Sendeplatz. Seine Sendung »Frohe Botschaft im Lied« wurde eine der bekanntesten deutschsprachigen Sendungen. Die Qualität des Empfangs war jedoch im Gegensatz zu Radio Luxemburg gar nicht gut.

Als die Sendungen der »Stimme von Tanger« in Marokko zu Ende gingen, gab es darum nicht nur Trauer, sondern auch große Hoffnungen und Erwartungen, weil man damit rechnete, mit Radio Monte Carlo noch viel besser zu den Völkern Europas gelangen zu können.

Es gelang Ralph Freed, Hermann Schulte zum Aufbau eines deutschen Zweiges der neuen Organisation zu gewinnen, die den Namen Trans World Radio tragen sollte. Der Wetzlarer machte der Leitung von Trans World Radio klar, dass er die Aufgabe allein nicht würde lösen können, und bat um einen geeigneten Mitarbeiter. Den hatte Gott seit einigen Jahren vorbereitet, weil er die deutschen Programme der »Stimme von Tanger« betreute: Helmut Gärtner. Der Bitte von Hermann Schulte wurde unverzüglich entsprochen. Helmut Gärtner wurde nach Deutschland zurückgesandt, um beim Aufbau einer Zentralstelle für deutsche Sendungen zu helfen.

Eine tägliche Verkündigung des Evangeliums in deutscher Sprache war ein wunderbarer Auftrag. Aber die Schwierigkeiten häuften sich. Es mussten Gelder aufgebracht werden, um sich an der Gemeinschaftsaufgabe zu beteiligen. Es mussten Freunde gefunden werden, die bereit waren, diesen Sender zu akzeptieren, für das Projekt zu beten und – als schließlich der Sender fertig war – auch die Zeit aufzubringen, zu hören.

Aber es ging Schlag auf Schlag. Am 21. September 1959 wurde in den Räumlichkeiten des Schallplattenverlages Hermann Schulte in Wetzlar der Aufbau einer deutschen Abteilung für Trans World Radio begonnen. Da sehr bald klar war, dass der Begriff »Trans World Radio« kaum sinnvoll ins Deutsche zu übersetzen sei, wurde mit der Vereinsgründung auch der neue Name kreiert: Evangeliums-Rundfunk, abgekürzt: ERF. Das geschah am 19. Oktober 1959 im Hotel »Euler« in Wetzlar.

Hermann Schulte (1913-1983) wagte sehr viel. Mit Recht sprach man damals von einem »Glaubensschritt«.

Die Wetzlarer Neue Zeitung berichtete am 3. Juli 1965 über Hermann Schulte, seinen Verlag und seine 15-jährige Aufbauarbeit. In dem Artikel hieß es unter anderem:

> »Im Jahre 1949 war es, als Hermann Schulte einen kleinen Laden für christliche Literatur eröffnete. 1951 kamen noch eine kleine Druckmaschine und ein Drucker hinzu. Dann wurden die Anforderungen immer größer. Neue moderne Maschinen wurden angeschafft, die leider nur mit dem verfügbaren Raum »mitwachsen« konnten. Ernsthafte Grundstücksüberlegungen und -sorgen begleiteten diese Aufbaujahre. Aber mutig wurde mit dem verfügbaren Raum rationell geplant.
> So wurde im Jahre 1958 das verlagseigene Tonstudio gegründet, der Schallplatten-Versand begann schon im Jahre 1956. Doch wurden damals noch die Tonaufnahmen im Lohnauftrag vergeben. Mit zwei Schallplatten fing die Sache einmal an. Heute – im Jahr 1965 – hat der Verlag »Frohe Botschaft im Lied« 450 Schallplattentitel mit geistlichem Liedgut.
> Hermann Schulte verfügt außerdem über einen eigenen Tonaufnahmewagen, der viel unterwegs ist, um irgendwo Schall-

plattenaufzeichnungen zu machen. Das Tonstudio arbeitet auch im Lohnauftrag, unter anderem für den Evangeliums-Rundfunk Wetzlar. Der Hermann-Schulte-Verlag stellt allerdings das gesamte musikalische und gesprochene Repertoire seines Hauses kostenlos dem Evangeliums-Rundfunk zur Verfügung ...

... Hermann Schulte ist ein leuchtendes Beispiel für Gemeinschaftssinn. Er stellt seine ganze Freizeit in den Dienst des Reiches Gottes. Das hört sich zwar einfach an, ist jedoch mit großen Opfern verbunden. Er ist der Vorsitzende des Evangeliums-Rundfunks, leitet die Evangelisch-freikirchliche Gemeinde in Wetzlar, arbeitet selbst als Sprecher am Mikrofon und gibt in seinem Verlag »Frohe Botschaft im Lied« in vieler Hinsicht seinen Mitarbeitern ein Vorbild. Das kostet nicht nur viele Kräfte, sondern auch ein hohes Maß an Glaubenszuversicht und Bereitschaft und Tatkraft.«

Als dieser Zeitungsbericht veröffentlicht wurde, arbeitete der Evangeliums-Rundfunk schon einige Jahre. Doch zurück zu den Anfängen.

Helmut Gärtner war in dieser Zeit bemüht, der Arbeit Strukturen zu geben. Er war außerdem häufig unterwegs, um Geldgeber zu finden. Er suchte vor allem wohlhabende Männer und Geschäftsleute zu gewinnen, wurde aber bald eines anderen belehrt. Er fand nämlich nicht viele Geschäftsleute, die sich auf das »Abenteuer Evangeliums-Rundfunk« einließen. Helmut Gärtner sagte darüber später: »Gott wollte – so wurde es im Laufe der Zeit offenbar – seine Sache nicht einzelnen begüterten, sondern einer großen Menge glaubender, opfernder und betender Menschen anvertrauen.«

Es war bewegend mitzuerleben, wie Tausende von Menschen im Land bereit waren, ein Projekt zu unterstützen, von dem sie noch immer nicht wussten, ob es gelingen würde. Vor dem Beginn die endlose Wartezeit bis zur Ausstrahlung der ersten Sendung, und dann ein oft gestörter Empfang – das waren eigentlich nicht gerade Voraussetzungen für eine Geldanlage.

Ein Brief gibt den Anstoß

Anfang Januar 1960 war man in Wetzlar schon eifrig bemüht, den Aufbau des ERF zu betreiben. Ich wusste von alledem im fernen Wien noch nichts. Am Abend des 3. Januar hatte es Ärger mit einigen Mitarbeitern gegeben. Ich war recht entmutigt. Einen Tag später hielt ich in meinem Tagebuch fest: »Heutige Tageslese aus dem Buch Josua nehme ich als Gottes Antwort: »Es soll dir niemand widerstehen dein Leben lang ... ich will dich nicht verlassen, noch von dir weichen ... sei getrost und unverzagt ... und sehr freudig ... weiche nicht vom Gesetz, auf dass du weise handelst ... Der Herr, dein Gott, ist mit dir in allem, was du tun wirst.« – Ich habe damals nicht gewagt zu denken oder sogar darüber zu sprechen, dass sich diese Worte auf mich persönlich beziehen sollten, wenngleich ich den Eindruck hatte, Gott habe zu mir gesprochen. Rückblickend muss ich sagen, dass es sehr bedeutsam war, dass mir gerade am Beginn eines Jahres ein solcher Zuspruch zuteil wurde.

Am 31. Januar bekam ich einen Brief von Noldi Pfeifer. Er teilte mir mit, dass er von Arthur Parizek erfahren habe, dass ein Radio-Missionswerk in Wetzlar aufgebaut werden sollte. Ich schrieb daraufhin nach Wetzlar und bekundete mein Interesse mit dem Hinweis darauf, dass ich vor meiner Bekehrung Rundfunk-Journalist gewesen sei.

Am 4. Februar morgens um 8.30 Uhr klingelte das Telefon. Helmut Gärtner war am Apparat und bat mich, einen handgeschriebenen Lebenslauf und ein Bild zu senden. Man suche drei Programmleiter und zwar schnellstens; denn der Evangeliums-Rundfunk wolle schon ab Juni über Monte Carlo senden. Ich habe mich hingesetzt, meinen Lebenslauf geschrieben und abgesandt. Am 6. 2. 1960 um 21 Uhr abends rief Helmut Gärtner an und meldete seinen Besuch an. Am Abend des 8. Februar holte ich ihn vom Flughafen ab.

Es war also gerade eine Woche vergangen, seit ich jenen Brief von Arnold Pfeifer bekommen hatte. Wir haben uns dann am

9. Februar unterhalten. Helmut Gärtner reiste wieder ab und am 10. 2. erhielt ich wiederum einen Anruf aus Wetzlar, ob ich mich dort vorstellen könnte. Am 15. Februar traf ich in Wetzlar ein.

Helmut Gärtner begrüßte mich und fuhr mit mir nach Ewersbach zum Theologischen Seminar des Bundes Freier evangelischer Gemeinden. Dort erwarteten mich Walter Quiring und Dr. Fritz Laubach. Es gab ein Gespräch, vor allem einen theologischen Gedankenaustausch. Beide Männer waren maßgeblich am Aufbau des Evangeliums-Rundfunks beteiligt. Von Ewersbach ging es wieder zurück nach Wetzlar zu einem längeren Gespräch mit Hermann Schulte, und dann fuhr ich nach Frankfurt.

Ich war ja noch immer als Pastor kirchlich gebunden und musste daher bei der Kirchenleitung erkunden, ob man mich für den Dienst beim Evangeliums-Rundfunk überhaupt freistellen würde. Normalerweise kann sich ein Pastor nicht von einem Monat auf den anderen von seiner Gemeinde lösen. Aber auch hier hatte Gott in großartiger Weise vorgesorgt. Ich wollte im Sommer 1960 als Austauschpastor für ein Jahr in die Vereinigten Staaten gehen und hätte meine Gemeinde dann ohnehin anderen anvertrauen müssen. Da ich von der Methodistenkirche in Deutschland an die Methodisten in Österreich nur »ausgeliehen« war und nach einigen Jahren sowieso nach Deutschland hätte zurückkehren sollen, mussten sowohl die Kirchenleitung in Deutschland als die für Österreich Zuständigen gefragt werden, ob sie mit meiner Entsendung in die Arbeit des Evangeliums-Rundfunks einverstanden sein würden.

Ich konnte nur staunen, wie relativ reibungslos die ganze Geschichte ging. Der damalige methodistische Bischof Dr. Friedrich Wunderlich sagte mir: »Wo sich für die Evangelisation eine solche Tür öffnet, da wollen wir den Fuß reinstellen.«

Ende Februar fand in Wien die Jahreskonferenz (Synode) statt. Meine Dienstzuweisung für das kommende Jahr hieß: »Programmleiter beim Evangeliums-Rundfunk in Wetzlar«.

Am 27. Februar wurde ich in Wien verabschiedet. So blieben noch ein paar Tage zur Übergabe an den Nachfolger, und dann verließen wir die Stadt in der zweiten Märzhälfte. Nach wenigen

Urlaubstagen nahmen wir am 1. April 1960 unseren Dienst in Wetzlar auf.

Mit meiner Frau und den beiden kleinen Kindern war die Reise nach Wetzlar eine Fahrt ins Ungewisse. Von der künftigen Aufgabe hatten wir keine klaren Vorstellungen. Auch familiär fuhren wir ins Ungewisse. Wir wussten nämlich nicht einmal, wo wir in Wetzlar unsere Möbel abladen sollten, da bis zu dem Augenblick unserer Ankunft noch keine Wohnung gefunden worden war. Wir haben uns während der ersten zehn Monate beholfen. Die Möbel hatten wir an verschiedenen Plätzen untergestellt. In der Nachbarstadt Gießen bezogen wir durch die Vermittlung von Paul und Sigrid Schild eine eineinhalb-Zimmer-Wohnung. Was nicht unterzubringen war, kam in einen Fabrikkeller. Mein Arbeitszimmer stellte ich in Wetzlar in einem der Räume auf, die Hermann Schulte zur Verfügung gestellt hatte.

Die große Aufgabe

Die Gründer des Evangeliums-Rundfunks hatten sich eine große Aufgabe gestellt. Hermann Schulte und Helmut Gärtner bestanden von Anfang an darauf, dass christliche Radiosendungen für Menschen in Mitteleuropa anders gestaltet werden müssten, als die von TWR erwarteten und in Amerika üblichen Programme. Beide empfahlen, dass nicht nur einige Prediger und Evangelisten, die zugleich zur Bezahlung der Sendezeit auch die Gabe des »Geldaufbringens« hätten, in den Sendungen zu Wort kommen sollten, vielmehr sollte die ganze Vielfalt der Gemeinde Jesu im Blick auf die Verkündigung und die Auslegung der biblischen Botschaft zur Entfaltung kommen. Dann freilich, so meinte Schulte, könne man den Verkündigern nicht auch noch Geld abverlangen. Die erforderlichen Finanzen müssten auf eine andere Weise aufgebracht werden, nämlich durch einen Freundeskreis, der bereit war, diese Arbeit bekannt zu machen und der helfen würde, die erforderlichen Gelder mit aufzubringen.

In den ersten Monaten habe ich oft gestaunt und Gottes Führung und Hilfe erneut bewundern gelernt. Hunderte von Freunden vertrauten dem ERF ihre Spenden an, obwohl sie doch noch keinen Ton gehört hatten. Wir konnten ja nur schriftlich darstellen, was wir uns vorstellten. Damals betrug die Rundfunkgebühr 2,– DM im Monat. Wir legten unseren Freunden nahe, noch einmal 2,– DM aufzubringen, um die Voraussetzung für die künftige Rundfunkmission zu schaffen. Hunderte, später Tausende von Menschen folgten dem Aufruf. Kleine und gelegentlich auch größere Spenden trafen ein. Auch einige wenige wohlhabende Christen griffen uns unter die Arme.

Von Anfang an war es das Ziel des Evangeliums-Rundfunks, solche Menschen mit dem Evangelium bekannt zu machen, die ohne Glauben leben oder sich der Kirche willentlich oder unwillentlich entfremdet haben. Man plante aber auch Sendungen für Menschen, die bewusst als Christen leben, um sie im Glauben weiterzuführen. Von vornherein war ferner beabsichtigt, solche Sendungen nicht nur in der eigenen Sprache zu finanzieren und zu produzieren, sondern auch in Fremdsprachen.

GOTT LÄSST UNS LERNEN

Das Studio im Hinterhof

Wir stürzten uns also im Frühjahr 1960 mit großem Eifer in die Arbeit, die sich allerdings schwieriger gestaltete, als ich es angenommen hatte. Es war z. B. nur ein begrenztes Liedrepertoire verfügbar. Hermann Schulte, der auf Anregung seines Schwagers Rudolf Loh (1913-1971) als erster christliche Schallplatten in Deutschland produzierte, gestattete uns, auf sein gesamtes Archiv zurückzugreifen. Das waren relativ viele Lieder und doch zu wenige, wenn Tag für Tag verschiedene Programme ausgestrahlt werden sollten. Leider fehlten auch ein Zeitschriftenarchiv und eine Bibliothek. Aber im Hinterhof des Schulteschen Anwesens in der Sophienstraße dienten ja mein privates Studierzimmer und meine Bibliothek zugleich als Büro. Wie lernten wir damals das »gedruckte Wort« als unverzichtbares Hilfsmittel schätzen.

Warten, warten

Anfang Juli 1960 sollten die Testprogramme beginnen. Daraus wurde aber nichts. Die Techniker waren nicht rasch genug vorangekommen. Außerdem bereitete das Finden einer geeigneten Frequenz und einer akzeptablen Sendezeit große Schwierigkeiten.

Ende August war ich ziemlich niedergeschlagen. Zwei Monate hindurch habe ich keine weiteren Tagebucheintragungen gemacht. Die nächste Notiz stammt erst wieder vom 30. Oktober 1960. »Privat: Wir haben noch immer keine Wohnung! Dienstlich: In sehr intensiven und manchmal kontroversen Gesprächen versuchen wir festzulegen, wie die Programme des Evangeliums-

Rundfunks gestaltet sein müssten.« Die Leitungsgremien des ERF waren sich nicht mehr einig. Alle wurden nervös, weil man sich in einer unangenehmen Rolle fand. Es waren den künftigen Hörern gegenüber feste Versprechungen gemacht worden. Doch nicht einmal das als Sendebeginn bekannt gemachte Datum stimmte; denn der Beginn der Sendungen verzögerte sich ein ums andere Mal. Woher sollten die Interessenten wissen, ob nicht auch das Ziel und die Angaben über den künftigen Inhalt der Sendungen verändert werden würden!

Nachdem der für Anfang Oktober angesetzte Sendebeginn nicht zustande kam, reiste Helmut Gärtner nach Monte Carlo, um herauszufinden, was passiert war. Einer der mit der Montage des Senders beauftragten Techniker war verunglückt. Aber bis wir diese Nachricht an unseren Freundeskreis weitergeben konnten, vergingen wieder wertvolle Tage und Wochen. Doch trotz des noch ausstehenden Erfolges mussten die hohen Raten für die Bezahlung der Sendeanlagen aufgebracht werden. Dass Gott das gelingen ließ, war für uns wirklich ein ganz großes Wunder.

Mit Helmut Gärtner beriet ich, welche Sendeformen wir entfalten wollten. Uns schwebte eine ganze Menge von dem vor, was wir nicht tun wollten. Aber wie die Programme eigentlich aussehen würden, das sagte uns keiner. Und so experimentierten wir Woche für Woche. Nur wenige Tonbänder wurden fertig, die sich einmal als Sendung eignen sollten.

Endlich eine Wohnung

Anfang Januar 1961 bekamen wir endlich eine Wohnung. Richard Dienlin, ein kriegsversehrter Kollege, hatte in Wetzlar gebaut. Er benötigte den Wohnraum für sich und seine Familie jedoch noch nicht selbst und überließ uns sein Haus. Wie dankbar waren meine Frau und ich, dass wir mit Christiane und Ulrich nun wieder ein Heim hatten.

Inzwischen hofften wir auf einen baldigen Beginn der deutschen Sendungen. Doch Woche für Woche verstrich. Immer wieder wurden neue Termine genannt.

Haben wir uns geirrt?

Ich muss bekennen, dass in den sehr schweren Anlaufmonaten viel Anfechtung die Freude am Dienst beeinträchtigte. Mehr als einmal habe ich auf Spaziergängen mit meiner Frau die Frage gestellt: »Hat Gott uns wirklich nach Wetzlar geführt oder haben wir uns geirrt?«

Wir mussten daran denken, dass mancher Auftrag, den Gott uns gibt, nur für kurze Zeit erteilt wird, dass andererseits ein Ruf Gottes durchaus eine lebenslange Beauftragung sein kann. Wir prüften uns noch einmal, erinnerten uns daran, was uns bewogen hatte, Wien zu verlassen: Wir hatten die neue Aufgabe nicht von uns aus gesucht – Brüder und Schwestern, die wir um Rat fragten, hatten uns ermutigt –, die äußeren Umstände schienen »grünes Licht« zu signalisieren und last not least: Wir hatten eine innere Ruhe beim Beten und beim Überdenken der Situation. Noch wussten wir allerdings nicht, ob wir auf Zeit – vielleicht nur für drei, vier Jahre – in Wetzlar bleiben würden.

Nun, es wurde eine Lebensaufgabe daraus. Die Erfahrung, von Gott in einen Dienst gerufen worden zu sein, hat uns sehr geholfen und war in späteren Jahren für mich ein Grund, bei Gesprächen mit evtl. künftigen Mitarbeitern herauszufinden, ob die Bewerber nur einen Job suchten oder wussten, dass Gott sie gerufen hatte.

Der große Tag

Unvergesslich bleibt der Tag des Sendebeginns. Ich war in den Wochen zuvor zu einer Evangelisation in Friedrichsdorf/Ts. Kaum zurück erreichte mich ein Telefonanruf aus Monte Carlo: »Es geht los!« Die erste deutschsprachige Sendung sollte am 5. Februar 1961 ausgestrahlt werden. Zu unserem Schrecken hörten wir, dass Sendezeit und Frequenz im letzten Augenblick auf einmal verändert worden waren. Das hieß: Alle An- und vor allem alle Absagen auf den bereits in Monte Carlo lagernden Tonbändern waren falsch, mussten korrigiert werden. An Fliegen war damals wegen der knappen Finanzen überhaupt nicht zu denken, darum entschloss ich mich, mit der Bahn nach Monte Carlo zu reisen. Nach 22 Stunden kam ich dort am frühen Nachmittag des großen Tages an. Bill Mial, der zuständige TWR-Repräsentant, erwartete mich am Bahnhof. Unsere Tonbänder mit den Sendungen für die erste Woche hatten bereits seit Tagen im Studio von Radio Monte Carlo gelegen. Bill Mial hatte sie wieder zurückgeholt. Wir rasten ins TWR-Studio nach Cap Ferrat, etwa eine halbe Autostunde auf der kurvenreichen Straße – neue Aufnahmen – cutten – wieder rein ins Auto – mit Tempo hinein nach Monaco zum Haus von Radio Monte Carlo – im Sauseschritt zum Studio. Nur wenige Minuten vor Sendebeginn waren wir an Ort und Stelle. Mit tiefer innerer Bewegung erlebten wir die ersten Sendeminuten. Unsere Herzen waren voller Dank.

Es geht langsam voran

Das erste dreiviertel Jahr war in vieler Hinsicht quälend gewesen. Doch als es nun endlich losging, gab es neue Probleme. Wie sollte der rasch wachsende Arbeitsanfall bewältigt werden? Woher die nötigen Mitarbeiter nehmen? Auch hier wusste Gott Rat.

Zu den vier, fünf Mitarbeitern, die wir am Anfang waren, kamen bald weitere; in der Redaktion unter anderem der ebenfalls erfahrene frühere Mitarbeiter vom Berliner Rundfunk, Richard

Straube, der dann als »Kinderonkel« bekannt wurde. Seine Frau Brigitte half ihm von Anfang an. Sie war bei der Firma Schulte als Tontechnikerin angestellt, doch das hinderte sie nicht, mit und für den ERF zu denken. Auch Brigitte Straube kam vom Fach. Sie war ebenfalls eine frühere Mitarbeiterin des Berliner Rundfunks. Richard Straube gestaltete zehn Jahre hindurch wunderschöne Kindersendungen. Viele junge Menschen im Land hörten mit Begeisterung den »Kinderfunk«. Richard Straube sah sich dann in eine andere Arbeit geführt. Mit seiner Frau Brigitte gründete er das »help center«. Sein Nachfolger wurde Johannes Osberghaus, von vielen einfach Onkel Johannes oder »Ossi« genannt. (Damals war das noch nicht als Gegensatz zu den »Wessis« gedacht, sondern einfach die Abkürzung seines Namens.) Er wurde sehr bekannt und ist bis heute bei vielen, vielen Kindern und auch Erwachsenen beliebt. Wieviel Segen hat Gott auf die Sendungen gelegt. Wie traurig waren wir dann im Verlauf der kommenden Jahre, dass die Kurzwelle immer unattraktiver wurde. Uns wurde schmerzlich bewusst, dass kaum noch Kinder zum Kurzwellenempfang zu bewegen waren und wir darum auf diese lieb gewordene Sendung verzichten mussten. Wie schön darum, dass der ERF viele Jahre später im Zeitalter der Satellitenübertragung wieder mit Sendungen für junge Menschen beginnen konnte.

Es war mutmachend zu sehen, wie Gott im richtigen Augenblick Menschen zur Mitarbeit beruft, wie er andere bewegt, Gelder zur Verfügung zu stellen und dass er uns das Vorrecht gewährt, Menschen zu begegnen, die uns sagen, dass sie für uns beten.

Unerwartete Schwierigkeiten

Wir beteten darum, dass Gott viele Menschen durch die Sendungen mit seinem Wort erreichen möchte, aber der Aufbau eines festen Hörerkreises war schwer. Die Qualität der Kurzwellensendungen wechselte von einem Tag auf den andern. Die zu gewinnenden Hörer des ERF – verwöhnt durch die doch recht gute Qualität ihres jeweiligen Landes- oder Ortssenders – brauchten viel Enthusiasmus, um nicht mutlos aufzugeben. Ich habe mich vor der Übersiedlung nach Wetzlar und in den ersten Wochen wiederholt gefragt, wer denn in Deutschland und in der Schweiz noch Kurzwelle hören würde. Ich selbst hatte nur ein paar Mal in meinem Leben Kurzwelle gehört – gegen Ende des Krieges. Damals war das strengstens verboten. Man brachte sich um Kopf und Kragen, wenn man beim Hören »ausländischer Sender« erwischt wurde. Da wir aber wissen wollten, was »die anderen« sagten und wie es an den Fronten aussah, schalteten wir doch ein. Nach dem Krieg habe ich nicht mehr Kurzwelle gehört, darum schien es mir fraglich, dass man mit einem solchen Medium viele Menschen würde erreichen können. Doch Zweifel und Fragen waren unnötig, offensichtlich war die Stunde für christliche Radiosendungen über Kurzwelle gekommen. Das Echo bewies es. Eine immer größere Zahl von Hörern reagierte mit Karten und Briefen. Der Kreis der Förderer wuchs.

Selbst nachdem der ERF am 5. Juli 1992 mit Satellitenprogrammen begann, blieben viele Hörer dabei, den ERF über Kurzwelle zu empfangen.

Damals in den ersten Jahren hat der ERF mit Hilfe von Hermann Jäger, einem bekannten Journalisten für technische Fragen des Hörfunks, die Hörer informiert.

Die technische Abteilung und die Öffentlichkeitsabteilung wetteiferten miteinander, um dem Hörer zu erklären, unter welchen Bedingungen er zu einem guten Empfang kommen könne, jedenfalls an den meisten Tagen des Jahres.

Zwar konnte TWR auf die Kenntnisse von Dr. Louis M. Muggleton, einem international anerkannten Physiker, zurückgreifen, der anfänglich mit langen Listen, später mit ausgeklügeltem Computerprogramm geeignete Frequenzen und Sendezeiten im Voraus errechnete. Dennoch war jeder Frequenzwechsel ein »Drama«. Mal sendeten wir im 49-Meter-Band, dann im 41-Meter- oder sogar im 31-Meter-Band. Manche Hörer hatten auf ihren Apparaten – wenn überhaupt Kurzwelle – nur das 49-Meter-Band.

Darum empfahlen wir einige Monate hindurch ein gerade auf den Markt gekommenes Nur-Kurzwellen-Gerät. Es war verhältnismäßig preiswert, und viele kauften sich das kleine Kästchen. 20 Jahre später hat der ERF etwas Ähnliches getan und Tausende von »Weltempfängern« an seine Hörer vermittelt.

Auf meinen Reisen traf ich viele dankbare, aber auch manchmal unzufriedene oder sogar erboste Hörer. Oft war es nicht leicht, den Hörern deutlich zu machen, dass wir nicht Schuld seien an der guten oder schlechten Empfangsqualität einer Sendung. Unsere Freunde lernten mit der Zeit zu verstehen, dass es gar nicht so einfach sei ein Programm anzubieten, das im gesamten deutschsprachigen Raum gehört werden kann.

Wir führten viele Informationsveranstaltungen durch. Dabei nahmen wir Tonbandaufnahmen mit, um den Freunden vorzuführen, wie schön eine Sendung klingen kann, wenn sie nicht gestört ist, weder durch atmosphärische Einwirkungen noch durch Störsender. Die gab es ja damals auch noch!

Der erste Leiter der Abteilung Öffentlichkeitsarbeit, Günter Turek, machte die »Wurfantenne« auf unzähligen Veranstaltungen bekannt. Das war im Grunde genommen nichts weiter als ein Stückchen Draht mit einem Bananenstecker, der in die entsprechende Buchse des Gerätes zu stecken war und doch die Empfangsmöglichkeiten deutlich verbesserte.

Dass uns damals die Hörer nicht in Scharen davonliefen, sondern dass im Gegenteil immer neue Interessenten dazukamen, war für uns eine außerordentliche Ermutigung und ein Ansporn, immer bessere Programme zu gestalten.

Das Interesse wächst

Anton Schulte, der mit zu den Gründern des Evangeliums-Rundfunks gehörte und selbst Sendungen über Luxemburg und Radio Monte Carlo ausgestrahlt hatte, war immer bereit, etwas Neues zu wagen. Er evangelisierte im August 1961 in Wien. Ich fuhr hin und machte Aufnahmen von seiner Evangelisation. Die brachte ich per Flugzeug von Wien nach Monte Carlo. Sie wurden dort sozusagen als etwas verzögerte Live-Sendung ausgestrahlt. Und noch während Anton Schulte in Wien evangelisierte, konnten Hörer an dieser Veranstaltung beteiligt werden, etwas, was heute selbstverständlich ist. Eine Live-Sendung ist gar kein Problem mehr. Damals war es eines, denn diese Aktion war sehr zeit- und finanzaufwändig.

Am 2. September 1961 wurde ich von den Allianz-Vorsitzenden Paul Schmidt (1888-1970) und Paul Deitenbeck (1912-2000) zu einer Allianz-Sitzung nach Siegen eingeladen. Der Hauptvorstand der Deutschen Evangelischen Allianz war bis dahin angetan von einem völlig anderen Radioverkündigungs-Projekt, dem »Emetteur Protestant International« (EPI). Darum galt es jetzt, Gespräche zu führen, die sich für die Zukunft als recht bedeutsam erweisen sollten. Sie trugen nämlich dazu bei, dass es bei den Verantwortlichen der Evangelischen Allianz in Deutschland zu einem Umdenken kam.

Für den Aufbau des ERF hatte es sich als erschwerend erwiesen, so empfand ich, dass EPI zur gleichen Zeit um Interesse warb. EPI sollte in der Schweiz als ökumenische Radioorganisation aufgebaut werden. Seit April 1958 liefen die Vorbereitungen. Diese Organisation wollte mit dem Schweizerischen Kirchenbund zusammenarbeiten, der weitere Kirchen in Europa für dieses Projekt gewinnen wollte. Die Sympathien kirchlicher Vertreter in Deutschland und in der Schweiz – sofern sie für Radiomission aufgeschlossen waren – galten dem EPI. Der Initiative in Wetzlar stand man dagegen skeptisch gegenüber; denn dort handelte es sich nach Meinung kirchenleitender Persönlichkeiten »nur« um eine Allianz-Arbeit. Das heißt, in Wetzlar waren einzelne Personen am Werk, ohne sich von Entscheidungen und Beschlüssen verschiedener Kirchenleitungen abhängig zu machen. Gerade das aber gefiel den Kirchenleitenden nicht. Selbst die an der Radiomission interessierten Männer meiner eigenen Kirche, der damaligen Methodistenkirche, waren nicht zur Zusammenarbeit bereit. Sie wollten eine eigene Radiomissionsorganisation aufbauen, was sie auch getan haben.

In der Nummer 14 der »EPI-Nachrichten« vom Dezember 1964 gab Arnold Bolle, damals Präsident des EPI, eine überaus optimistische Interpretation des Standes der Vorbereitungen, die allerdings nicht eine einzige konkrete Sachaussage enthielt. Die Schwierigkeiten erwiesen sich als größer denn zunächst erwartet. Bei einem Treffen von Vertretern europäischer Kirchen, christlicher Gemeinschaften und Missionsgesellschaften Ende Juni 1965 zeigte sich, dass die europäischen Kirchen sich diesem Projekt gegenüber noch abwartend verhielten. Der Schweizerische Evangelische Kirchenbund wiederum wollte nur dann eine finanzielle Garantie für den Betrieb des Senders übernehmen, wenn sichergestellt gewesen wäre, dass es sich um ein Gemeinschaftsprojekt der europäischen Kirchen handelte. Von der finanziellen Garantie des Kirchenbundes wiederum machte der Schweizerische Bundesrat eine Lizenzerteilung abhängig. Alle diese Pläne zerschlugen sich. Am 23. November 1967 verzichtete der Schweizerische Evangelische Kirchenbund offiziell auf das Projekt.

In jener Zeit wussten viele gar nicht, wenn man von Radiomission sprach, ob vom Evangeliums-Rundfunk die Rede sei oder vom EPI. Das schuf natürlich manche Verwirrung. Jahrelang ging das so.

Kräftezehrend waren auch die Kämpfe, die wir im Herzen auszufechten hatten. Ende 1961 zum Beispiel begannen wir mit einer Abendsendung, die mal schlecht, mal gut zu hören war. Da sie aber sehr teuer war, wollten wir sie wieder absetzen und hatten von Gott ein Zeichen erbeten. Wir nahmen uns vor, wenn der Empfang am Tage nach dem Gebet gut sei, würden wir das als Zeichen nehmen, die Sendung nicht abzusetzen. Und die Sendung war gut zu hören! Aber am Tage darauf war sie wieder gestört. Das ganze Manöver wiederholte sich, bis wir schließlich doch den Eindruck gewannen, wir sollten Gott vertrauen und damit rechnen, dass er unsere Techniker befähigen würde, einen guten Empfang zu ermöglichen. Wie gut, dass wir wussten, dass gerade auch die physikalischen Gegebenheiten in der Hand unseres Gottes liegen. Gott hat uns in unserem Vertrauen nicht zuschanden werden lassen.

Damals hatten wir noch keinen Techniker in Monte Carlo. Später entsandte der ERF Helmut Menzel als »technischen Missionar« mit seiner Frau Christel. Christel erfreute viele Menschen durch ihre Lieder. Helmut wurde ein von TWR und auch von säkularen Firmen hochgeschätzter Spezialist, der sich immer wieder etwas Neues einfallen ließ, um die Empfangsverhältnisse für den deutschsprachigen Raum Europas zu verbessern. Außerdem nahm er lange Reisen in Kauf, um Dutzende von Studios zu bauen, die die Produktion von Sendungen in den verschiedenen Regionen Asiens, Afrikas und Lateinamerikas ermöglichten.

Die Familie trägt mit

Unermüdlich reisten wir im Land umher, um Verkündiger zu finden, die bereit waren, die Programme des Evangeliums-Rundfunks mit zu gestalten. Einflussreiche Persönlichkeiten oder Menschen, von denen wir dachten, dass sie Einfluss haben würden, mussten besucht werden. Manches Mal kam ich müde nach Hause, gelegentlich auch enttäuscht. Dann empfand ich es als Geschenk, eine Frau an meiner Seite zu haben, die mit mir durch dick und dünn ging.

Im Jahre 1960, als wir unseren Dienst begannen, war das Autobahnnetz noch nicht so ausgebaut. Um an die Einsatzorte im Süden zu kommen, musste man manchmal schon sehr früh am Morgen starten und kam – wenn überhaupt am gleichen Tag – erst nachts zurück. Wegen der Kinder und häuslichen Pflichten konnte meine Frau die Fahrten nicht oder nur ganz selten mitmachen, aber sie sorgte dafür, dass ich morgens in der richtigen Weise eingestimmt auf Fahrt ging. Und das Nach-Hause-kommen war auch immer wieder etwas sehr Schönes, selbst in später Stunde.

Nach der Übersiedlung von Wien betreute ich während einiger Jahre im Nebenamt die kleine, aber recht rührige EmK-Gemeinde in Wetzlar. Wegen städtischer Baumaßnahmen gaben wir ein Haus in der Innenstadt auf, wo sich die Gemeinde seit Jahrzehnten getroffen hatte. Im Tausch bekamen wir ein anderes Grundstück und eine Abfindungssumme. Wir nahmen dieses Geschehen als Ermunterung, den Bau eines Gemeindezentrums mit Wohnungen zu planen und dann auch durchzuführen. Ohne viel Gebet, ohne den treuen, hingebungsvollen Dienst von Theo Hermann, dem Gemeindevertreter, und ohne die Opferbereitschaft der Gemeinde wäre das Vorhaben aber wohl gescheitert.

Wir wohnten dann in dem Kirchengebäude, schnell und leicht erreichbar für alle, die zu uns wollten.

Schaue ich auf jene Jahre zurück, erinnere ich mich: Es war viel Leben. Irgend jemand wollte immer irgend etwas. Aber wir waren jung und der Doppelauftrag – Aufbruch des ERF und Aufbruch einer Gemeinde – war nicht belastend, sondern bereichernd.

Als der Evangeliums-Rundfunk durch Gottes Güte wuchs und immer mehr Anforderungen an Zeit und Kraft stellte, entschlossen wir uns, den Pastorendienst in andere Hände zu legen.

Meine Frau blieb noch lange in der Gemeinde tätig, sie baute u. a. eine Jungschargruppe auf und kümmerte sich um viele Kleinigkeiten, ohne die ein Gemeindebetrieb nicht richtig läuft. Besonders viel Kraft und Fantasie wurde in den jeweiligen Basar investiert. Das änderte sich auch nicht, als sie später die Organisation des ERF-Basars übernahm. Die Töchter halfen recht kreativ mit großer Begeisterung.

Der ruhende Pol unseres Familienlebens war und ist meine Frau. Die heranwachsenden und inzwischen erwachsenen Kinder haben das sehr zu schätzen gewusst und ich auch. Wenn ich von einer Auslandsreise kam, schaute sich meine Frau rechtzeitig den Videotext an, um die Ankunftszeit der jeweiligen Flüge zu erfahren, und an der angegebenen Landezeit konnte sie sich ausrechnen, wie viele Minuten es noch dauern würde, bis ich daheim ankäme. Da wartete jedesmal ein festlich gedeckter Tisch auf mich. Liebevoll wurde ich in den Arm genommen. Wir nahmen uns Zeit und sprachen über die Erfahrungen und Erlebnisse der letzten Tage. Ich gestehe: Das war (und ist) so schön, dass ich mich oft beim Abreisen bereits auf diesen Moment des Wiederkommens freute (und freue).

In den ersten Tagen unserer Ehe haben wir uns vorgenommen, dem Rat des Apostels Paulus zu folgen: »Lasst die Sonne nicht über eurem Zorn untergehen« (Epheser 4, 26). Mit anderen Worten: Wir nahmen uns vor, aufeinander zuzugehen, bevor wir am Abend eines Tages die Augen schließen würden, wenn wirklich der Haussegen einmal schiefhängen würde. Und der hängt natürlich schon mal schief in über vier Jahrzehnten Ehe. Übrigens, als die Kinder kleiner waren, gab es öfter Meinungsverschiedenheiten als in den späteren Jahren.

Ich habe mich oft gewundert, dass nicht mehr Menschen diesen Rat des Apostels Paulus übernommen haben.

Wir wollten Gott auch in unserer Ehe erleben. Darum hatten wir uns als Trautext gewählt: »Gott aber kann machen, dass alle Gnade unter euch reichlich sei, damit ihr in allen Dingen allezeit volle Genüge habt und noch reich seid zu jedem guten Werk« (2. Korinther 9, 8).

Es gab Sorgen, es gab schlaflose Nächte, es gab Tränen, es gab Scheitern und Versagen – aber über allem doch eine Erfüllung dieses Wunsches. Gottes Gnade war wirklich reichlich unter uns. Gnade, das heißt ja, Gottes Herabneigung zu den Menschen. Wir haben es erlebt, dass er sich uns zuneigte, und sind oft sehr beschämt gewesen. Es ging durch sehr harte Zeiten. Die Kinder haben uns in späteren Jahren öfter daran erinnert, dass wir, etwa auf einer Ferienreise nach Dänemark, für alle vier Kinder gerade soviel Geld hatten, dass wir uns eine Flasche Fanta leisten konnten. Aber das hat keinem geschadet. Später ging's ja dann auch besser.

Ob wir auch an »gutem Werk« an anderen genug getan haben, kann ich nur hoffen. Im Rückblick sieht man gerade auf diesem Gebiet mehr Versagen und Versäumen, als einem lieb ist.

Freunde gewinnen

An der Basis sollten die Hörer Vertrauen zu den Radiomissionaren gewinnen. Das gelang auf zweierlei Weise. Erstens, indem wir rasch und herzlich die Briefe beantworteten, die in immer größer werdender Zahl eintrafen. Zweitens durch die Informationsveranstaltungen.

Viel Zeit investierte ich, um Vertrauen und Verständnis bei führenden Vertretern der Freikirchen und Gemeinschaften zu finden. Ich kam mit Brüdern zusammen, die ich bis dahin nur dem Namen nach kannte, z. B. mit Friedrich Heitmüller (1889-1965), dem damaligen Direktor des Kranken- und Diakonissenhauses Elim und Leiter der großen Freien evangelischen Gemeinde am Holstenwall 21 in Hamburg. Heitmüller beeindruckte mich durch seine Sprache, seine Körperhaltung und seine geistliche Zielstrebigkeit. Er ließ sich für den Gedanken der Radiomission erwärmen. Auch Hermann Haarbeck (1901-1975), damals Präses des Gnadauer Verbandes, und Heinrich Uloth (1903-1976), der seinerzeitige Generalsekretär des Gnadauer Verbandes, zeigten sich aufgeschlossen. Uloth besuchte ich gerade zu einer Tageszeit, zu der der Empfang einer Sendung aus Monte Carlo möglich war. Sofort holte er sein Radiogerät und bat mich, ihm den Sender einzustellen. Auch Wilhelm Brauer (1902-1988), der damalige Vorsitzende der Deutschen Evangelistenkonferenz, war gern bereit, die Sache der Radiomission zu unterstützen. Manche Ansprache hat er im ERF gehalten. An Paul Schmidt erinnere ich mich, den Bundesdirektor des Bundes Evangelisch-Freikirchlicher Gemeinden und Vorsitzenden der Deutschen Evangelischen Allianz. Er hatte sich ursprünglich für EPI engagiert. Doch noch bevor das Projekt des Schweizerischen Kirchenbundes endgültig ad acta gelegt wurde, entschloss sich Paul Schmidt, den ERF zu fördern.

In unangenehmer Erinnerung ist mir geblieben, dass ich auf jenen Reisen der ersten Jahre häufig für einen Vertreter der Schallplattenfirma Schulte gehalten wurde. Nun wäre ja auch das ein ehrenwerter Beruf gewesen, aber ich wusste mich doch in den Aufbau des ERF gerufen.

Zuletzt habe ich versucht, diese häufige Verwechslung mit Humor zu tragen. Dabei half der Gedanke, dass Hermann Schulte ja viel riskiert hatte. Was ein anderer wohl kaum getan hätte, machte er möglich: Er stellte dem Evangeliums-Rundfunk die Kartei seines Kundenkreises zur Verfügung. Es waren daher die Freunde des Schallplattenverlags »Frohe Botschaft im Lied«, die die ersten Förderer, Freunde und Hörer des ERF wurden. Und Hermann Schulte hat nicht einmal gefragt: »Was mache ich, wenn meine Kunden eines Tages keine Schallplatten mehr beziehen, weil sie die Musik auch über den ERF hören können?«

GOTT SCHENKT GEISTLICHES WACHSEN

Auf meinen Reisen und in vielen Gesprächen kam es zu manchem bereichernden Gedankenaustausch. Die Begegnungen mit überzeugten Landeskirchlern, Vertretern der Gemeinschaftsbewegung und erfahrenen Freikirchlern ließen mich den Reichtum des Reiches Gottes erkennen. Als Freikirchler war ich in jungen Jahren sehr von der Bedeutung der eigenen Freikirche überzeugt. Bald schon aber erkannte ich, wie viele wertvolle und berufene Mitarbeiter Gott in anderen Kreisen hat. Es wurde mir klar, dass sein Segen durchaus nicht an eine bestimmte Denomination gebunden ist. Wie viel Großes tat er an verschiedenen Orten.

Gott schenkte herzliche Bruderschaft und Verbundenheit, gerade auch zu den anderen. Vorstands- und Ausschussmitgliedern des ERF geht es wohl ähnlich. In den Sitzungen hörte ich immer wieder einmal, dass einer den andern fragte: »Wo ist eigentlich deine geistliche Heimat?«

Regelmäßige Predigtdienste zwangen zu Zeiten bewusster Vorbereitung. Leider blieb oft erst am Tag vor der Predigt, also am Sonnabend, Zeit zum Studium.

Hilfe für Glauben und Dienst fand ich u. a. durch die Beschäftigung mit dem Denken von Rudolf Otto (1869-1937), Theologieprofessor in Marburg. Otto wollte zeigen, dass neben den in klare Begriffe zu fassenden rationalen Aussagen über Gott, jeder, der Gott wirklich erlebt hat, etwas Irrationales erfahren hat, das sich einfach in menschlichen Begriffen nicht ausdrücken lässt. »Von diesem Irrationalen können wir dennoch reden, wenn wir die Worte nicht als Bilder von dem gebrauchen, was wir meinen, sondern als Wegweiser. Der Wegweiser wird allerdings nur dem etwas sagen, der einmal dort gewesen ist, wohin er weist ... So kann man über das Irrationale im Wesen Gottes nur mit denen reden, die Gott erlebt haben und die dann durch die andeutenden Worte an ihr eigenes Erlebnis erinnert werden.«

Otto geht bei seinen Überlegungen von dem biblischen Begriff »heilig« aus. Seine Gedanken halfen mir, ebenfalls intensiver über

Gott nachzudenken. Otto spricht zum Beispiel von dem heiligen Gott als dem, der mit nichts Menschlichem zu vergleichen ist. Er schildert die heilige Scheu, die der Mensch hat, der vor Gott tritt. Er weiß auch, je näher wir Gott sind, desto tiefer fühlen wir unseren Abstand von ihm. Otto spricht auch von der absoluten Überlegenheit Gottes und von seinem Willen, seiner Kraft und Bewegung. Schließlich, sagt er, sei Gott der »ganz andere«, der »aus dem Bereich des Gewohnten, Verstandenen und Vertrauten« herausfällt und sich zu ihm in Gegensatz setzt und »darum das Gemüt mit starrem Staunen« erfüllt.

Bibelstudium kann spannend sein

Kurz nach meiner Bekehrung hatte mich ein Onkel auf den Wert des täglichen Bibellesens hingewiesen. Eigentlich rief er nur in Erinnerung, was ich von Kindheit an wusste. Allerdings bereitete mir der Luthertext erhebliche Verständnisschwierigkeiten. Ich besaß seinerzeit nur die Übersetzung von 1912. Nun machte jener Verwandte mich auf die Übertragung des Neuen Testaments von Friedrich Pfäfflin aufmerksam. War das eine Entdeckung! Ich versuchte, fortlaufend zu lesen, auch in der Straßenbahn oder im Bus. Verhältnismäßig rasch war ich »durch«. Und es war gar nicht langweilig! Ich hatte so viele geistliche Entdeckungen gemacht. Am bemerkenswertesten war wohl, dass mir jetzt erst die Bedeutung Jesu Christi bewusst wurde. Ich hatte zwar an dem Abend, als ich den Unglauben aufgab, gebetet, ich hatte auch um Vergebung meiner Gottlosigkeit, meiner Auflehnung gegen Gott und vieler einzelner Verfehlungen gebetet, aber erst jetzt wurde mir klar, warum meine Schuld vergeben ist: weil Jesus sie mit ans Kreuz genommen hat.

Nicht einmal der Römerbrief war künftig eine trockene Lektüre. Wie lebte das Wort und wie sprach mich an, was etwa in Römer 5, in den ersten beiden Versen nachzulesen ist: »Wenn wir also vom Glauben auf den Weg zu Gott wohlgefälligem Leben gefunden haben, so haben wir Frieden mit Gott durch unseren Herrn Jesus Christus. Das bedeutet Gnade, in der wir stehen. Zu ihr haben wir im Glauben an Jesus den (immer offenen) Zugang erlangt, so daß wir uns glücklich schätzen können als Leute, die Gottes Herrlichkeit schauen dürfen« (nach F. Pfäfflin). Ich möchte allerdings nicht den Eindruck erwecken, als beantworte das regelmäßige Lesen der Bibel, das Studieren des Urtextes oder anderer Übersetzungen alle Fragen. Auch nach vielen Jahren der Christusnachfolge bleibt manches offen. Aber die Fragen bohren nicht mehr, sie lähmen auch nicht, sondern sie zeigen mir die Größe Gottes und den Reichtum der Bibel. Ich halte es mit Gerhard Tersteegen: »Ein begriffener Gott ist kein Gott.«

Das heißt nun aber wiederum nicht, dass man nicht manches auch begreifen kann. Bibelstellen wie die folgenden helfen mir, die andere Dimension des Glaubens zu entdecken: 2. Korinther 4, 18: »... uns, die wir nicht sehen auf das Sichtbare, sondern auf das Unsichtbare. Denn was sichtbar ist, das ist zeitlich; was aber unsichtbar ist, das ist ewig.« – Kolosser 1, 15.16: »Er ist das Ebenbild des unsichtbaren Gottes, der Erstgeborene vor aller Schöpfung. Denn in ihm ist alles geschaffen, was im Himmel und auf Erden ist, das Sichtbare und das Unsichtbare, es seien Throne oder Herrschaften oder Mächte oder Gewalten; es ist alles durch ihn und zu ihm geschaffen.« – 1. Timotheus 1, 17: »Aber Gott, dem ewigen König, dem Unvergänglichen und Unsichtbaren, der allein Gott ist, sei Ehre und Preis in Ewigkeit! Amen.«

Gott wirkt in der »unsichtbaren Wirklichkeit« (H. Rohrbach). »Das Sichtbare ist zeitlich, das Unsichtbare aber ewig.« Wer Gott erlebt, erfährt dessen Eingriff, heraus aus einer unsichtbaren Wirklichkeit, der himmlischen Welt, hinein in unsere sichtbare, irdische Welt, in unsere Wirklichkeit.

Gott, der Herr der Geschichte

»Der Marxismus ist allmächtig, weil er wahr ist«, haben die Kommunisten gesagt. Inzwischen hat sich herausgestellt, wie ohnmächtig er ist. Nur mit Waffen, ergebenen Funktionären, überdimensionierten Geheimdiensten, mit Desinformation und Propaganda hielt sich die Ideologie am Leben. Und dann kam die große Ernüchterung, die inzwischen von manchen durch Trotz kompensiert wird: »So schlimm war's auch nicht. Es gab viele gute Errungenschaften ...« Und manche meinen sogar, es lohne einen zweiten Versuch.

In Washington traf ich am Vorabend eines »National Prayer Breakfast« vor einigen Jahren Klaus Gysi, den langjährigen Staatssekretär für Kirchenfragen in der früheren DDR. Ich lernte ihn als einen sehr aufgeschlossenen, gebildeten, kontaktfreudigen Herrn kennen. Ich wollte erfahren, wie er zum Helfer für ein solches System werden konnte, das soviel Unrecht getan hatte. Er holte weit aus, ging zurück bis in die 20er-Jahre, als er unter der sozialen Ungerechtigkeit jener Zeit litt und von ganzem Herzen Änderungen ersehnte und bewirken wollte. »Da habe ich, da haben wir uns dem Sozialismus verschrieben«, erklärte er. »Und«, wollte ich wissen, »haben sich ihre Erwartungen erfüllt?« »Nicht so, wie ich's hoffte«, sagte er.

Gott sitzt im Regimente, sagten unsere Väter im Glauben. Das heißt: Er regiert. »Er ist der König der Könige und der Herr aller Herren« (1. Timotheus 6, 15). Ein gewaltiges Wort! Wenn Herrscher sich selbst mit Vollmacht ausrüsten, sind sie von vornherein zum Scheitern verurteilt. Darum ist auch der Sturz oder Niedergang Regierender, die sich bewusst gegen Gott und seine Ordnung stellen, nur eine Frage der Zeit. Das gilt auch für die großen Völker, übrigens unabhängig von der Regierungsform. Und darum konnte schon der Prophet zu seiner Zeit sagen: »Siehe, die Völker sind geachtet wie ein Tropfen am Eimer und wie ein Sandkorn auf der Waage ... Alle Völker sind vor ihm nichts und gelten ihm als nichtig und eitel« (Jesaja 40, 15.17).

Anders ist es mit dem Volk Gottes – einmal dem auserwählten Volk, den Juden, und zum anderen mit seiner Gemeinde.

Meine Schwiegereltern hatten einen guten Bekannten, der während der Hitlerzeit bei jeder sich bietenden Gelegenheit darauf aufmerksam machte, dass Hitler zu Fall kommen werde, weil er sich an Gottes »Augapfel« vergriffen habe (Sacharja 2,12). Mich wundert es heute noch, dass die Nazis diesen »Propheten« nicht eingesperrt haben. Wie sehr behielt er Recht. Jetzt beten wir mit vielen Christen in aller Welt darum, dass Israel sich nicht nur seiner politischen Bedeutung bewusst ist, sondern vor allem auch seiner geistlichen Beauftragung. Israel wartet auf den Messias wie wir Christen auf den wiederkommenden Christus.

Wir Christen sind das Volk des ›Neuen Bundes‹, die Gemeinde Jesu. Sie ist leider nie deckungsgleich mit örtlichen Gemeinden, seien sie landeskirchlich oder freikirchlich. Aber in allen Gemeinden, die ich besuchte, gleich welcher Denomination, fand ich wiedergeborene Menschen, Männer und Frauen, deren Existenz durch die Hinwendung zu Christus erneuert wurde.

Gott ist erfahrbar. Das ist das Zeugnis der Gemeinde Jesu.

In einer süddeutschen Stadt traf ich einen Arzt, der mir sagte, dass er jahrelang gemeint habe, ein ordentlicher Christenmensch zu sein, bis ihm aufging: »Ich nenne mich Christ, aber Christus hat gar keine wirkliche Bedeutung für mich.« Er war so ehrlich, über diese Entdeckung offen zu sprechen. Seine Frau, die schon früher innerlich »klargekommen« war, vermittelte ihm einen Gesprächspartner. In mehreren längeren Gesprächen schließlich erkannte der Arzt die Hohlheit seines Lebens und dessen, was er bisher »Glauben« genannt hatte. Er begriff, dass auch er der Vergebung der Sünde bedurfte, er erbat diese Vergebung, empfing sie und wurde danach ein äußerst rühriger Zeuge Christi inner- und außerhalb seiner Gemeinde.

Ich ahne etwas von der Majestät Gottes, wenn ich an den Gottesdienstbesucher denke, der nach der Predigt aufstand und bat, das Lied anzustimmen »O, daß ich tausend Zungen hätte«. Ohne Protest verzichteten Pfarrer und Organist auf das eigentlich vorgesehene Lied. Die Gemeinde sang das Wunschlied. Als die Strophe angestimmt wurde »Ich will von deiner Güte singen«, brach der Mann, von einem Herzschlag getroffen, auf der Kirchenbank zusammen. Und die Gemeinde sang:

Ich will von deiner Güte singen,
solange sich die Zunge regt;
ich will dir Freudenopfer bringen,
solange sich mein Herz bewegt;
ja, wenn der Mund wird kraftlos sein,
so stimm ich noch mit Seufzen ein.

Am Sterbebett meiner Mutter lasen wir diese Strophe auch. Es war mir eigenartig, die letzten Atemzüge des Menschen mit anzuhören, der mir das Leben gab. Hilflos steht man dabei. Dankbar, bewegt, aufgewühlt, und plötzlich erahnt man die Stunde des eigenen Scheidens. Auch dann soll gelten: »Ich will von deiner Güte singen, solange sich die Zunge regt.« Wenn ich dann nicht mehr klar denken oder beten kann, tut es vielleicht einer aus der Familie oder aus der Gemeinde.

Besondere Erfahrungen mit dem lebendigen Gott können nicht nur alte oder sterbende Menschen machen, sondern auch ganz junge. Das erfuhr ich in Afrika durch den methodistischen Bischof Joana Mbogori, lange Jahre Vorsitzender der kenianischen Bibelgesellschaft und auch Vorsitzender von TWR-Kenia.

Als er noch ein kleiner Junge war, nahm ihn der Vater eines Tages an der Hand und ging mit ihm an den Fluss. Vor einem der mächtigen alten Bäume am Ufer blieb er stehen und erklärte dem Sohn, dass in dem Baum die Geister der Ahnen wohnen und dass man sie zu verehren habe. Recht hilflos sei er sich vorgekommen als Kind. Er habe auch nicht recht eingesehen, wie Geister der Verstorbenen den Lebenden helfen sollten. Schweigend gingen Vater und Sohn wieder heim. Einige Zeit später, so berichtete der Bischof, habe der Vater gehört, dass in einem Nachbardorf christliche Missionare tätig geworden waren. Man erzählte allerlei Merkwürdiges, vor allem auch, dass sie ein Buch hätten, aus dem man lesen könne. Der Vater schickte den kleinen Joana in das Nachbardorf, um dort am Schulunterricht teilzunehmen und forderte ihn auf, alles, was er gelernt hatte, nach Hause zu bringen und es der Familie beizubringen. Zu jener Zeit hatten die britischen Missionare, die in Kenia tätig waren (von ihnen hatte der Vater gehört), nur das Markusevangelium in die Stammessprache übersetzt. Doch allein von diesem kleinen Schriftchen des Neuen Testaments ging so viel Segen aus, dass Vater Mbogori beschloss, Missionare auch in das eigene Dorf zu rufen. Die Missionare folgten der Einladung. Sie lehrten die Leute nicht nur Lesen und Schreiben, sondern gaben ihnen auch das Wort des ewigen Gottes. Das veränderte das Leben des Ortes in einer überraschenden Weise positiv, so dass sich schließlich der ganze Landstrich für die Botschaft von Christus öffnete.

Ich hatte das Vorrecht, in Afrika mit Bischof Mbogori zusammenzuarbeiten. Es war beeindruckend, zu sehen, mit welcher Vollmacht er vom lebendigen Gott sprach. Kein Wunder – er hat ihn ja erfahren wie nur wenige hier in unserer Region.

Wären keine christlichen Missionare nach Kenia gegangen, sähe es dort heute sicher noch problematischer aus. Männer wie Bischof Mbogori sind wie Lichter zur Orientierung in Zeiten der Hoffnungslosigkeit und des Elends. Immer wieder hat er geistliche und materielle Not seiner Landsleute gelindert.

GOTT GIBT UNS SEIN WORT

Die Botschaft dringt in alle Welt

Bei der Anstellung von Mitarbeitern des Evangeliums-Rundfunks legten wir Wert darauf, dass sie zu einer lebendigen Gemeinde am Ort oder in der näheren Umgebung gehörten, und dass sie dort auch möglichst mitarbeiteten.

Wir wünschten uns sehr, nicht nur fromme Sendungen in alle Welt zu tragen, sondern selbst auch zu leben, was wir predigen.

Von Anfang an haben wir mit den Mitarbeitern morgens Losung und Lehrtext gelesen und die Hörer namentlich vor Gott gebracht, die um Fürbitte gebeten hatten.

Einmal in der Woche gab es eine längere Andacht oder Informationsstunde. Gern haben wir bei der Gelegenheit gesungen: »Noch dringt Jesu frohe Botschaft in die dunkle Welt, noch sind allerorten Boten aufgestellt ...«

Dass ein Radiogerät von vielen als der Überbringer einer guten Botschaft angesehen wird, haben wir aus vielen Briefen gesehen. Gott schenkte uns mit dem Evangeliums-Rundfunk eine großartige Kanzel.

Bereits aus einer monatlichen Publikation des ERF vom April 1961 ist zu ersehen, dass in jener Zeit Hörer geschrieben haben aus Straßburg in Frankreich, aus Gallneukirchen/Linz in Österreich, aus Olten in der Schweiz, aus westdeutschen Orten wie Tuttlingen, Rotenburg ob der Tauber oder aus der damaligen DDR, z. B. aus Halle.

Manche Hörer machten auch ganz ergreifende Erfahrungen mit den Sendungen. So schrieb eine Hörerin aus der Schweiz: »Mit dem ›Wochenlied‹ habe ich in der letzten Zeit besondere Erfahrungen gemacht. In der vierten April-Woche bereitete ich mich auf eine Operation vor. Da erklang das Lied ›Such, wer da will, Nothelfer viel ...‹. Diese Zusage nahm ich ganz persönlich für mich auf dem Weg ins Krankenhaus. Am ersten Mai folgte das Lied ›Auf Adlers Flügeln getragen …‹. Es begleitete mich durch die Operation und die folgenden mühsamen Tage. In der darauffolgenden Woche brachte der Evangeliums-Rundfunk das Lied ›In den Schatten dieser Welt bist du, Herr, das Licht …‹ mit dem wunderbaren Kehrreim ›Hilf du mir, Herr, dann ist mir geholfen. Heile mich, Herr, dann bin ich geheilt …‹. So haben mich Ihre Wochenlieder durch eine Notzeit meines Lebens geleitet, und es war eine gesegnete Zeit.«

Es ist ja gar nicht so einfach, im Rhythmus eines Krankenhauses gerade die Sendezeiten des ERF zu finden. Doch manche Patienten und auch Ärzte und Krankenhauspersonal haben das geschafft.

Unterschiedlich sind die Hörgewohnheiten. Manche setzen sich neben das Gerät und hören still zu. Andere lassen es laufen, während sie dieses oder jenes verrichten. Manche können nur die Abendsendung hören, andere wollen unter keinen Umständen auf die Frühsendung verzichten. In einem Brief heißt es: »Beruflich bin ich bei der Deutschen Bundespost beschäftigt, genauer in der Briefverteilung. Leider muss ich oft auch sonntags arbeiten und dadurch auf den Gottesdienst verzichten. Aber eine Freude lässt mich sonntags frühzeitig aufstehen und mich zum Zug begeben. Durch die schlechte Zugverbindung bin ich schon vor Arbeitsbeginn im Amt. Die Stille lässt es dann zu, so schnell wie möglich das Radio einzuschalten, um dem ›Morgengruß‹ zu lauschen. Nach 6 Uhr kommen dann so langsam die Kraftfahrer, um ihre Papiere zu holen. Das ist aber kein Grund, etwa den Sender zu verstellen oder leiser zu drehen. Die Reaktionen auf das Gehörte sind unterschiedlich. Sie reichen vom stummen Zuhören, über kritische Bemerkungen bis zum Verlassen des Raumes. Leider ist die Sendung immer viel zu schnell vorbei. Aber die dann beginnende Arbeit geht mir durch den inneren Frieden viel besser von der Hand.«

Eine junge Frau aus Haan im Rheinland fuhr in die DDR. Bei Bekannten wurde sie auf den Evangeliums-Rundfunk aufmerksam gemacht. Mit ihren Freunden hörte sie eine Zeit lang die täglichen Sendungen. Der Heilige Geist benutzte eines der Programme, um der jungen Frau klarzumachen, dass sie nicht länger ohne Glauben an Jesus leben sollte. Die Besucherin aus dem Westen kam in der DDR zum Glauben. Dankbar und froh kehrte sie nach Hause zurück. Als sie entdeckte, dass daheim niemand richtig begriff, was es bedeutet, an den lebendigen Gott glauben zu können, schrieb sie ihren Freunden in der DDR und erbat Rat. Die empfahlen ihr, sich an den Evangeliums-Rundfunk zu wenden und um Adressen anderer Christen zu bitten, denn – so las sie – Wachstum im Glauben sei ohne Gemeinschaft mit anderen Christen nicht möglich. Der Evangeliums-Rundfunk konnte der neuen Hörerin tatsächlich eine Gemeinde an ihrem Ort empfehlen. Es war in Wetzlar bekannt, dass es in jener Gemeinde eine Reihe von Männern und Frauen gab, die zu den regelmäßigen Hörern des Evangeliums-Rundfunks zählten. Die junge Frau bestätigte später, dass der Adressenhinweis gut war. Sie fand Anschluss in der erwähnten Gemeinde in Haan und gehörte seit jener Zeit »richtig« dazu.

Eine eigenartige Erfahrung machte D. S. aus Freiburg. Er war mit dem Motorrad unterwegs, als ihn eine Autofahrerin umfuhr. Man brachte ihn im Krankenhaus sofort auf die Intensivstation. Er verbrachte dort zehn Tage. Um seinen Geist anzuregen, setzte man ihm Kopfhörer auf und spielte Musik ein. Nach einer Weile, als eine Schwester nach ihm schaute, entdeckte sie, dass er mit dem Finger auf das Deckbett schrieb. Man brachte ihm eine Schreibunterlage und einen Stift und er schrieb die drei Buchstaben ERF, mit denen man im Krankenhaus nichts anfangen konnte. Beim nächsten Besuch konnten die Eltern das Rätsel klären. Das Krankenhaus sorgte dafür, dass er die Sendungen des ERF hörte. Dieter kam wieder zu Kräften, musste aber noch 90 Tage im Krankenhaus zubringen. Wir blieben mit ihm auch in den darauf folgenden Jahren in Verbindung. Wie sehr haben wir uns darüber gefreut, dass er wieder genesen und seine Ausbildung fortsetzen konnte, um dann auch beruflich tätig zu werden.

Viele Christen schrieben dem ERF, wie froh sie seien, dass es endlich Radioprogramme gebe, die auch ihr Interesse fänden.

»Das sind Sendungen, die wir brauchen«, hieß es in manchem Brief. Und überraschend oft – fast als hätten sich die Schreiber verabredet – hieß es: »In unserer Gemeinde wird das Wort nicht mehr klar verkündigt. Unser Pfarrer reicht uns ›Steine statt Brot‹ ...«

Ein erster Rückblick

Zehn Jahre später waren wir zwar auch noch nicht aus allen Schwierigkeiten heraus. Doch zur Vereinssitzung am 22. Mai 1971 begann ich meinen Bericht mit den Worten: »Eine steigende Zahl der Bezieher unseres Mitteilungsblattes – wachsendes Hörerecho – gesteigertes Spendenaufkommen – dazu die Feststellung im Land hin und her, dass nur noch selten erklärt werden muss, wer oder was der Evangeliums-Rundfunk ist – alle diese Fakten stimmen dankbar und lassen erkennen, daß viele Hörer mit dem Programm zufrieden sind. Wir selbst sind Gott dankbar, würden allerdings wohl den größten Fehler begehen, wenn wir uns mit dem Erreichten zufrieden gäben ...«

Gar nicht so einfach war es, die Wünsche unserer Hörer zu erfahren; denn die Zuschriften waren manchmal sehr kontrovers. Da schrieb zum Beispiel einer: »Weil Sie solche Musik bringen, kann ich nun auch Ihre Arbeit empfehlen.« Ein anderer teilte uns mit: »Weil Sie solche Musik bringen, kann ich Ihr Werk nicht länger mehr empfehlen und will das Mitteilungsblatt auch nicht mehr haben.« (»Mitteilungsblatt« nannte sich unsere monatliche Publikation, bevor es die jetzt bekannte Programmzeitschrift »antenne« gab.) Oder ein Hörer schreibt: »Sie sagen immer, Sie wollen ›Stimme der Gemeinde‹ sein. Das wird aber unglaubwürdig, wenn Sie nicht den Herrn XY zu Wort kommen lassen.« Ein anderer wiederum schrieb: »Sie haben neulich Herrn NN in einer Ihrer Ansprachen zitiert. Wissen Sie nicht, dass er ein Schwarmgeist ist?« Oder es schrieb jemand: »Sie müssten in Ihren Sendungen mehr beten, besonders abends.« Wieder andere meinten: »Bitte lassen Sie doch in den Abendsendungen alles weg, was nach Meditation oder Gebet aussieht. Wir beten alleine. Vorgesagte Gebete in den Sendungen ermüden.«

Wir haben jede Zuschrift ernst genommen, wie das auch heute noch beim ERF der Fall ist. Aber manche Zuschrift macht doch ratlos.

Zehn Jahre nach Beginn der Arbeit wagten wir manches. Wir begannen zum Beispiel mit Jugendsendungen zu mitternächtlicher Stunde. Eine erste Konferenz junger Christen, die zu diesen Sendungen führen sollte, fand vom 17.-19. Februar 1970 statt. Hans Herbold – später viele Jahre hindurch Pfarrer in einer Gemeinde in der Nähe von Wetzlar – hat damals diese Arbeit begonnen. Erhard Diehl und später Jürgen Werth bauten die »junge welle« aus.

Das »Missionarische Jahr 1980« gab Anstoß zu mancher evangelistischen Aktion im Land. Der Beitrag des ERF war die »Funkbude«, ein Programm für junge Leute in Zusammenarbeit mit vielen christlichen Jugendgruppen im Land. Die Sendungen waren so konzipiert, dass junge Christen ihre Mitschülerinnen und Mitschüler, ihre Kolleginnen und Kollegen zu sich nach Hause einladen konnten. Schriftliches Begleitmaterial wurde zur Verfügung gestellt mit Anregungen, worüber und wie man nach den Sendungen ins Gespräch kommen könnte. Tausende von jungen Menschen warteten auf die erste Sendung. Um besonders aktuell zu sein, hatten wir sie nicht auf Tonband vorproduziert (wie das sonst bei den Sendungen erforderlich war). Wir hatten eine teure Leitung gemietet, die von Frankfurt über Lyon, Marseille nach Monte Carlo führte.

Voller Spannung saßen abends nicht nur Jugendliche, sondern auch wir vor dem Apparat. Die Sendung sollte beginnen, aber nichts kam außer Musik – einem Kennzeichen, dass irgend etwas schiefgegangen war, denn solche Musik brachten wir immer dann, wenn eine »Panne« eingetreten war. Als auch 10 Minuten nach Sendebeginn noch immer keine »Funkbude« begann, versuchte ich, eine telefonische Verbindung mit Monte Carlo zustandezubringen. Endlich bekam ich auch jemand an den Apparat und erfuhr erst jetzt (unerklärlich blieb, warum uns keiner »vorgewarnt« hatte), dass während der Übertragung unserer Sendung im zentralen Knotenpunkt in Lyon ein Brand ausgebrochen sei. Deshalb habe die Sendung nicht übermittelt werden können. Fieberhaft hat man dann den Schaden repariert. Am nächsten Tag klappte alles.

Wir haben uns natürlich gefragt, wie so etwas möglich ist. Das Jahr hat 365 Tage, jeder Tag hat 24 Stunden und ausgerechnet zu der Stunde, in der unsere Bandübertragung per Kabel erfolgt, kommt es zu diesem Brand. Besonders deprimiert waren natürlich unsere Freunde von der »jungen welle«. Ich habe damals zu trösten versucht mit dem Hinweis darauf, dass wir »nicht mit Fleisch und Blut« zu kämpfen haben (Epheser 6, 12). Wir waren dankbar, dass die Überspielung der weiteren Sendungen klappte.

Nach Abschluss der Woche kam von überall aus dem Land Nachricht, dass die »Funkbude« geistliche Anstöße vermittelt habe. Einige junge Leute fanden zum Glauben an Jesus Christus. Das war natürlich unsere größte Freude. Es verwunderte uns daher auch nicht, dass unter den Menschen, die dem ERF schrieben, auch zahlreiche Hörer der »jungen welle« waren. Im ersten Quartal 1979 waren es z. B. 3 246 und ein Jahr später schon 5 165.

Der Posteingang des ERF stieg ständig. 1973 kamen im Jahr 68 352 Zuschriften in Wetzlar an, 1983 waren es 105 686 und nur fünf Jahre später 124 150. Ich werde den Tag nicht vergessen, als mir eine Mitarbeiterin einen Zettel auf den Tisch legte: »Heute Posteingang 997 – nur noch 3 fehlen an 1000 – 4. 2. 1980«.

In den darauf folgenden Jahren habe ich in einigen Gremien mitgearbeitet, in denen sich Vertreter der Kirchen und der Rundfunkanstalten trafen, um über Formen der Zusammenarbeit zu sprechen. Es wurden dort die Redner ausgesucht, die in den verschiedenen Andachten und Gottesdiensten des öffentlich-rechtlichen Rundfunks zu Wort kamen. Es ergaben sich bei solchen Zusammenkünften natürlich auch gute Gespräche – nicht zuletzt über den ERF. Dass inzwischen so viele Menschen mit diesem Missionswerk in Verbindung getreten waren, konnte mancher kirchliche Medienvertreter nur schwer einordnen.

Hilfe für die Gemeinde

Auf einem großen christlichen Jugendtreffen in Bayern wurde an einem Abend ein Laienspiel vorgeführt. »Sehen Sie den jungen Mann dort, der den Arzt spielt?«, fragte mich der Veranstaltungsleiter. »Der ist durch Sendungen des Evangeliums-Rundfunks zum Glauben an Jesus Christus gekommen.« Von Beruf war dieser Laienspieler Lehrer. Er war einer von den vielen, die in den 60er-Jahren – aber auch danach – über den Sinn des Lebens nachzudenken begonnen hatten. Er suchte Antworten in der Literatur und im Angebot der Medien. Irgendwann war er auf den Evangeliums-Rundfunk aufmerksam geworden und spürte: Das ist's, was ich brauche. Andere hatten ähnliche Erlebnisse, unter ihnen Studenten, Akademiker, Arbeiter, Angestellte, Hausfrauen und Rentner.

Ich fand es sehr bemerkenswert, dass wir offensichtlich unter unseren Hörern einen guten Querschnitt durch die gesamte Bevölkerung hatten, vom Arzt bis zum Hilfsarbeiter, vom Musikpädagogen bis zum Malermeister. Es waren Gebildete unter den Hörern, deren Briefe manchmal kleinen philosophischen Abhandlungen ähnelten, aber auch Menschen, die mit der deutschen Rechtschreibung auf Kriegsfuß standen.

Für Akademiker und Studenten führten wir die Sendereihe »Glaube + Denken« ein, die redaktionell – in Zusammenarbeit mit der Studentenmission in Deutschland (SMD) – 25 Jahre hindurch von Hanni Lützenbürger betreut wurde. Mancher, der später selbst eine wissenschaftliche Laufbahn einschlug oder als Jurist, Mediziner oder Pädagoge tätig wurde, hat mich wissen lassen, wieviel geistliche Wegweisung und Ermunterung er durch diese Sendereihe erhielt.

Manche meinten, den Evangeliums-Rundfunk durch »Zufall« gefunden zu haben. Wir wissen aber, dass es keinen solchen Zufall gibt. Im Gegenteil, Gott gebrauchte dieses Instrument. Sicherlich haben dazu auch die Gebete treuer Freunde beigetragen. Ich weiß von vielen, die es sich zur Aufgabe gemacht hatten, regelmäßig für den Evangeliums-Rundfunk und seine Mitarbeiter zu beten. In einigen Diakonissen-Mutterhäusern gab es besonders treue Beterinnen.

Der Dienst wurde in den Gemeinden immer bekannter, und das war gut so, denn der ERF verstand sich als eine Art »Zubringer« zu den Gemeinden. Es lag ja keinesfalls in der Absicht der Initiatoren des ERF, etwa irgendwann eigene Gemeinden zu gründen. Das wurde – einzigartig in der Geschichte von TWR bzw. ERF – erst in den 90er-Jahren nötig, als in einigen Gebieten Indiens so viele Menschen durch Sendungen zum Glauben kamen, dass die dort tätigen Kirchen und Missionswerke keine Möglichkeit sahen, die zum Glauben gekommenen Menschen unter ihre Fittiche zu nehmen.

In Europa und vor allem in Deutschland und in der Schweiz war der ERF bemüht, geistlich interessierte Hörer an Gemeinden zu vermitteln, in denen zu erwarten war, dass die jung im Glauben stehenden Menschen weitergeführt würden.

Leider entdeckten wir im Laufe unseres Dienstes, dass manche Gemeinden ein gewisses Defizit zu verzeichnen hatten, was die seelsorgerische Begleitung anbetraf. Die Gründe sind vielfältig. Zum einen möchte mancher Seelsorgesuchende sich dem Seelsorger gegenüber nicht öffnen, weil sich beide seit Jahren kennen oder weil die Furcht besteht, es könnte irgendein Vergehen bekannt werden. Manchmal fehlt auch einfach das Zutrauen zu einem Seelsorger, und nicht jeder Pfarrer oder Prediger ist ja zugleich auch als Seelsorger begabt. Es war daher gar nicht so überraschend, dass sich immer mehr Menschen an die Seelsorger des ERF wandten.

Ein Mann, der großes Vertrauen genießt – auch jetzt noch nach seiner Pensionierung – ist Kurt Scherer, der langjährige Leiter der Seelsorgeabteilung des ERF. Hermann Mann (1899 - 1968), Pastor der EmK i. R., und Richard Kriese, Pastor des Bundes Evangelisch-Freikirchlicher Gemeinden, hatten den Grundstock für die Seelsorgearbeit des ERF gelegt. Kurt Scherer baute darauf auf. Neben seiner Arbeit war mir Kurt Scherer in allen Jahren ein liebevoller Begleiter. Ich verdanke ihm manchen guten Rat. Es bleibt mir unvergessen, wie er zum ERF kam.

Eines Tages – der Evangeliums-Rundfunk war damals noch in der Altenberger Straße untergebracht – hatte er sich von mir verabschiedet, nachdem wir eine recht beeindruckende Ansprache von ihm aufgenommen hatten. Bevor er das Zimmer verließ, sagte ich zu ihm: »Weißt du, Menschen wie dich könnten wir eigentlich beim ERF gebrauchen!« Er fragte zurück: »Meinst du das ernst?« Ich meinte es ernst, denn wir hielten nach guten und befähigten Mitarbeitern Ausschau. – Kurt Scherer hatte nicht immer das Ziel gehabt, Pastor zu sein. Eigentlich wollte er Innenarchitekt werden. Um sich die nötigen handwerklichen Kenntnisse anzueignen, arbeitete er eine Zeit lang auf dem Bau. Eines Tages hatte er auf der Sohle eines Fahrstuhlschachtes zu tun, als er merkte, dass der Fahrstuhlkorb mit großem Tempo herabgesaust kam. Er hatte keine Möglichkeit mehr, aus der Grube hinauszuspringen, darum warf er sich flach auf den Boden. Nur wenige Zentimeter über ihm kam der Korb zum Halten. Damals sagte Kurt Scherer: »Der Gott, der mir so sichtbar das Leben erhalten hat, will sicher etwas von mir.« Er studierte daraufhin Theologie, wurde Pastor der Evangelisch-methodistischen Kirche, und eines Tages kam er mit dem Evangeliums-Rundfunk in Verbindung. Er ist dann meiner Einladung zur Mitarbeit gefolgt. Er nahm verschiedene Aufgaben im ERF wahr, bevor er die Leitung der Abteilung Seelsorge übernahm.

»Seelsorge durch den ERF« – das wurde so etwas wie ein Markenzeichen. Neben der ständig wachsenden Briefseelsorge baute Kurt Scherer auch die Seelsorge per Telefon aus. Und wer noch weiterführender Hilfe bedurfte, wurde zu Freizeiten eingeladen. Darüber hinaus verschickte die Seelsorgeabteilung Fernkurse zur seelsorgerlichen Betreuung und zur Vertiefung der Bibelkenntnis. Aus mancher Gemeinde erreichte uns Dank, weil offensichtlich erkannt worden war, dass der Evangeliums-Rundfunk gleichsam stellvertretend Aufgaben übernommen hatte, die so in einzelnen örtlichen Gemeinden nicht geleistet werden können.

Hörer – überall

Was mich immer wieder begeistert hat, waren Zuschriften, aus denen hervorging, dass der ERF-Hörer gewann, auch an Orten, wo man es kaum vermutete, und mit Hilfe von Menschen, bei denen man es gar nicht erwartete. So erreichten uns Briefe von Leuten, die uns auf hoher See gehört hatten. Post kam aus Krankenhäusern und auch aus Gefängnissen. Pfarrer und Priester schrieben uns und Mönche und Nonnen. Ein 26-Jähriger aus Österreich teilte uns mit: »Von einem katholischen Priester erfuhr ich, dass Sie das Evangelium über den Rundfunk verkündigen. Ich höre jetzt Ihre Sendungen ...«

Ein Ehepaar aus Thun in der Schweiz machte während eines Sommers Urlaub in Schweden. An einem Sonntagvormittag suchten die beiden ein geeignetes Radioprogramm. Sie fanden unter den vielen Sendern, die auch in Skandinavien zu empfangen waren, Trans World Radio, Monte Carlo. Zu der Stunde wurde ein Gottesdienst vom Evangeliums-Rundfunk übertragen, aufgenommen in einer evangelischen Freikirche in Thun (Schweiz). Die Urlauber waren angesprochen von dem Gehörten. Sie beschlossen, nach Rückkehr aus den Ferien den Pfarrer und die Gemeinde, deren Singen und Beten sie in der Sendung gehört hatten, aufzusuchen. Daheim setzten sie den Plan in die Tat um. Mehr noch, es gefiel ihnen so gut in jener Gemeinde, dass sie nicht nur Gäste oder gelegentliche Besucher blieben. Sie baten, Glieder der Gemeinde werden zu dürfen.

Auch andere Urlauber schrieben uns voller Freude, dass sie am Urlaubsort den ERF ebenso empfangen konnten wie daheim.

Überall ist ein Transistorgerät aufzustellen – im Ruderboot, in der Gartenlaube, in der Skihütte, im Gefängnis oder im Krankenhaus. Das erfuhr eine Hörerin, Anfang 20, aus der damaligen DDR. In ihrem Brief hieß es: »Nach sechs Wochen Krankenhausaufenthalt bin ich nun wieder zu Hause. Die Zeit im Krankenhaus war für mich eine Führung Jesu. Ich lernte dort eine junge Frau kennen, der ich den Weg mit Jesus zeigen durfte. Jeden Abend hörten wir zusammen den Evangeliums-Rundfunk über Monte Carlo. Vorgestern besuchte ich diese Frau. Sie hört weiterhin Ihre Sendungen und hat erkannt, dass sie von Gott geliebt ist.«

Wir dankten Gott, wenn uns Menschen mitteilten, dass sie zwar schon seit einiger Zeit gemeint hatten, Christ zu sein, dass sie aber den Anstoß zum lebendigen Glauben erst durch Sendungen des ERF erhielten.

Ein junger Mann, der durch seine Bekannte zum Glauben gekommen war und dann zum Militär musste, befürchtete, dass es nun wieder für ihn so trist und leer werden würde, wie sein Leben zuvor war, aber dann stieß er auch in der Kaserne auf unsere Sendungen und sagte uns: »Die sind echte Lebenshilfe!«

Ein Lebensmüder hört

Eines Vormittags gegen 10.15 Uhr drehte ein Autofahrer kurz vor Stuttgart den Knopf seines Radios. Er stieß auf unsere Sendung. Gerade wurde lebensmüden Menschen gezeigt, dass Jesus auch für sie Kraft hat und einen Weg weiß. Dieser junge Mann war lebensmüde. Er hatte genug, er wollte Schluss machen und war unterwegs, um dafür einen geeigneten Platz zu finden. Nun hörte er diese Sendung, diesen Zuspruch. Vor der nächsten Telefonzelle hielt er. Er hatte die Adressenangabe behalten und die Telefonnummer des ERF. Als in Wetzlar das Telefon klingelte, verband ihn die Mitarbeiterin in der Telefonzentrale mit der Seelsorgeabteilung. Würde man dort helfen können? Der junge Mann berichtete, was ihm auf dem Herzen lag. Eigenartig, wie Gott doch vorsorgt! In der Seelsorgeabteilung hatte man sich zuvor gerade mit einem bestimmten Seelsorger in Stuttgart beschäftigt. Dessen Karteikarte lag noch auf dem Tisch. Der Selbstmord-Kandidat hörte diese Adresse und erklärte sich bereit, den Seelsorger aufzusuchen. Aus Wetzlar telefonierte man mit dem Seelsorger und bat ihn, unter keinen Umständen in der nächsten Stunde das Haus zu verlassen, weil er einen Besucher bekommen würde. Tatsächlich kam dann der junge Mann zu jenem Seelsorger. Es gab ein langes Gespräch, eine Hinwendung zu Christus, die Erfahrung der Vergebung der Schuld und die großartige Chance, ein neues Leben zu beginnen. Der Seelsorger konnte diesem jungen Mann eine Gemeinde in der Nähe seines Wohnortes vermitteln.

Radiomission ist grenzenlos

In den Jahren meines Dienstes beim ERF sind mir einige solcher Erfahrungen bekannt geworden. Mir war es manchmal, als wenn Gott gerade auch für lebensmüde Menschen die Radiomission einsetzte.

Ein Leuchtturmwärter an der englischen Küste war in große familiäre Schwierigkeiten gekommen. Da er keinen Ausweg sah, seine Probleme zu lösen, beschloss er, aus dem Leben zu scheiden. An dem Abend, an dem er seinen schrecklichen Plan in die Tat umsetzen wollte, hörte er noch einmal verschiedene Radiosendungen. Bei der wahllosen Suche einer Station stieß er auf ein Evangeliumsprogramm von Trans World Radio. Das Lied, das gerade gesungen wurde, weckte seine Aufmerksamkeit. Es erinnerte ihn an seine Mutter, die das gleiche Lied öfter gesungen hatte. Er hörte auch die dem Gesang folgende Verkündigung und wurde in seinem Innersten so gepackt, dass er seinen furchtbaren Plan aufgab. Von dem Tag an versuchte er, Trans World Radio regelmäßig zu hören. Das Evangelium ergriff ihn so, dass er neuen Mut für sein Leben gewann. Er wurde schließlich dahin geführt, seine Probleme ganz neu zu durchdenken und mit Gottes Hilfe zur Lösung zu führen.

Rasant war die Ausbreitung von TWR. Immer neue Sprachen kamen hinzu. Ihren Namen hatte man oft noch nicht gehört und musste sich erst erkundigen: Ist das eine Sprache, die in Afrika oder in Asien gesprochen wird? Es war für uns eine mittlere Sensation, als TWR in 50 verschiedenen Sprachen seine Sendungen ausstrahlte. Später waren es 100, beim Übergang von 1999 auf 2000 mehr als 150.

Der Evangeliums-Rundfunk unterstützte diesen Dienst und produzierte ebenfalls Sendungen in fremden Sprachen, die dann ihren Platz im Gesamtprogramm von TWR fanden.

Richard Kriese betreute viele Jahre hindurch die polnischen Sendungen. Er war jedoch nicht nur ein in Polen gern gehörter Redner, sondern auch in Deutschland und in der Schweiz. Er war ein Seelsorger, dem viele Menschen Glaubens- und Lebenshilfe verdanken. Nach seiner Tätigkeit beim ERF arbeitete er als Evangelist in Deutschland, in der Schweiz und in Kanada. Woche für Woche meldeten sich Menschen aus Polen, die dankbar die Sendungen von Richard Kriese gehört hatten.

Manchmal zeigte sich der internationale Charakter der Arbeit in besonderer Weise: Ein Student z. B. schrieb: »Ich finde Ihre Sendungen interessant, besonders die biblischen Botschaften. Es ist ja nicht dasselbe, wenn man sie in einer fremden Sprache hören muss. Ich bin ein Student aus Kolumbien, der jetzt in Polen lebt und Ihre Sendungen in spanischer Sprache hört.«

Im Nordwesten Spaniens hörte ein Mann eine unserer spanischen Sendungen. Die Botschaft von Jesus veränderte sein Leben. Seine Nachbarn merkten das, so dass es ihm nicht schwer wurde, sie zu gemeinsamen Zusammenkünften einzuladen. Immer wieder schrieb der Mann, der Radiosprecher möge ihn doch einmal besuchen. Nachdem schließlich ein Treffen erfolgt war, kam es zur Gründung einer kleinen evangelischen Gemeinde.

Der Wunsch, Gottes Wort auch in die letzten Winkel des Kontinents zu tragen, hat Männer und Frauen aus allen möglichen Denominationen verbunden. Da waren die Lutheraner neben den Methodisten, Vertreter verschiedener Missionswerke neben Baptisten, Offenen Brüdern und Mennoniten. Der ERF verkörperte auf diese Weise sehr sichtbar das Ziel der Evangelischen Allianz, Christus gemeinsam zu bezeugen. Erst waren es nur wenige, dann hundert, später Hunderte und schließlich weit über tausend, die in örtlichen rundfunk-homiletischen Arbeitsgemeinschaften und

Seelsorgeseminaren mitgearbeitet haben. In diesem Zusammenhang ging es mir nicht einmal darum, dem ERF zu quantitativem Wachstum zu verhelfen, sondern mehr noch auf die Qualität zu achten. Dabei sehe ich es als ein besonderes Zeichen der Güte Gottes an, dass es gelang, in diesem Werk auch solche zusammenzuführen, die sich sonst aufgrund eines unterschiedlichen Gemeindebegriffes und unterschiedlicher Traditionen eher kritisch oder sogar ablehnend gegenüberstanden. Ohne Frage erwies es sich als vorteilhaft, dass diese Kreise nicht über eigene Radioorganisationen verfügten. Lediglich die Evangelisch-methodistische Kirche und die Selbstständige Evangelisch-Lutherische Kirche haben eigene Radiomissionswerke. Mit dem Leiter der »Lutherischen Stunde« hatte ich gelegentliche Begegnungen. Verkündiger aus der EmK haben sowohl beim ERF als auch bei »Radio M«, der Radiomission der EmK, mitgearbeitet. Es gehört zu meinen schmerzlichsten Lebenserfahrungen, dass die Kirche, aus der ich kam, solange ich beim ERF verantwortlich tätig war, nie ein uneingeschränktes Ja zu dieser Jahr um Jahr wachsenden Arbeit fand. Es war aber mutmachend, dass eine ganze Reihe von Männern und Frauen, die in dieser Kirche ihre geistliche Heimat hatten, mir ihre volle Unterstützung zuteil werden ließen.

Es hat der Arbeit des ERF sehr geholfen, dass evangelikale Kreise aus den Landeskirchen, dass die weitesten Teile der deutschen Gemeinschaftsbewegung und sehr viele Freikirchler die Sache des Evangeliums-Rundfunks zu ihrer eigenen machten. Immer stärker setzte sich wohl auch die Erkenntnis durch, dass die Radiomission ein ausgezeichnetes Missionsinstrument in unseren Tagen ist.

In Amerika hörte ich einmal, wie ein Missionar einer Versammlung von Christen klarmachen wollte, was es mit der Radiomission auf sich habe. Er stellte ein Radiogerät vor die Zuhörer und versuchte, sie dafür zu interessieren, was das Radiogerät sagen würde, wenn es sprechen könnte: »Ich habe nicht Fleisch und Blut, aber ich kann doch überall hinkommen, wo man mir den Eingang gestattet. Ich bin ein Missionar, der nie müde wird, dem Hunger und Durst nichts ausmachen, der nicht leidet unter Hitze und

Kälte. Ich habe niemals Kopfschmerzen, ich werde nicht müde, ich bin jederzeit abrufbereit. Ich bin ein Missionar, der keine Barrieren kennt. Meere sind kein Hindernis für mich, Berge auch nicht, Zäune und Mauern machen mir nichts aus, sie seien aus Stein oder Bambus. Ich kann mich Menschen zuwenden, die sehr hoch geachtet sind in der Gesellschaft und auch solchen, die keiner kennt. Ich werde oft willkommen geheißen von Reichen, aber auch von ganz Armen. Menschen mögen mich, deren Glaubenswurzeln sehr tief reichen, aber es hören mich auch solche, die gerade erst zu Christus gefunden haben. Manchmal mache ich Menschen Freude, die nie zur Kirche gehen. Ich weiß aber auch denen etwas zu sagen, die zu einer Kirchengemeinde gehören. Ich spreche Menschen an, die sehr gebildet sind und auch solche, denen Bildung mangelt. Ich bin effektiver, als man sich das denken kann, wenn ich an der richtigen Stelle eingesetzt werde. Viele Male ist darauf hingewiesen worden, dass ich mit einer meiner Sendungen mehr Menschen erreiche, als der Apostel Paulus während seines ganzen Lebens. Und in 15 Minuten kann ich so viele Hörer in einem bestimmten Gebiet erreichen, wie es kein anderer Prediger könnte. Ich bin zwar von Menschenhand gemacht, aber von Gott genutzt.«

Die Botschafter

Ehrenamtliche Mitarbeiter zu gewinnen war anfangs nicht so einfach. Wir traten an bekannte und weniger bekannte Verkündiger heran und fragten sie, ob sie im Evangeliums-Rundfunk mitarbeiten würden. Wir machten klar, dass wir keine Honorare zahlen könnten und dass wir dennoch eine gediegene Arbeit erwarten würden. Manche haben abgewinkt. Sie waren schon zu belastet oder wollten sich diesem Abenteuer nicht aussetzen.

Wir wussten von Anfang an, dass es ein großer Unterschied ist, ob jemand auf einer Kanzel predigt und die Gemeinde vor sich

Fritz und Helene Marquardt, die Eltern, mit ihren Söhnen Horst und Siegfried (Ostern 1943)

Hochzeit mit Irene, geb. Mittelstädt,
am 11. Juni 1955

Der so genannte Arbeitsausschuss des ERF im Juli 1965. Von links: Wilfried Mann, Horst Marquardt, Hermann Schulte, Helmut Gärtner

Erstes Treffen der Vorstände vom TWR und ERF im März 1980 auf Bonaire. In der Mitte Jakob Bernath und rechts Paul Freed

Stabwechsel. Jürgen Werth wird ERF-Direktor, Horst Marquardt Internationaler Direktor von TWR

Der alte und der neue ERF-Direktor bei einer KEP-Veranstaltung

National Religious Broadcasters Convention in Indianapolis, USA im Januar 1996. Von links: Joachim Loh (damals Vorsitzender des Wirtschaftsausschusses des ERF), Horst Marquardt, Bill Mial (Internationaler Direktor des TWR)

Mit Paul Freed, dem Präsidenten von TWR, anlässlich der Einweihung des neuen TWR-Gebäudes in Cary, NC

Empfang des Hauptvorstandes der Deutschen Evangelischen Allianz bei Bundespräsident Roman Herzog (1996)

Im Gespräch mit dem Präsidenten des Ukrainischen Baptisten-Bundes, Grigori Kommendant. Rechts vorne Vitali Kasubowski (1995)

Verleihung des Individual Archieve Award der National Religious Broadcasters 1994 in Washington, DC. Von links: Jerry Rose, David Clark, Horst Marquardt, Dr. Brandt E. Gustavson

ProChrist '93 in Essen. Von links: Ulrich Parzany, Billy Graham, Horst Marquardt

Horst und Irene Marquardt (1994)

Mit Barbara und George Bush
in Washington, DC im Januar 1992

50. Geburtstag von
idea-Leiter
Helmut Matthies
im Mai 2000

Mit Ernst Weichselberger. Im Frühjahr 2000 nach über 30 Jahren noch einmal in Brasilien und Paraguay

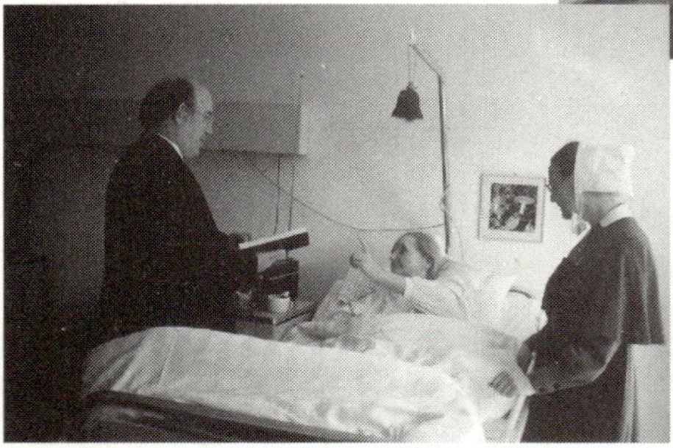

Besuch in Dettingen bei einer seit zwei Jahrzehnten kranken ERF-Hörerin (1990)

Hauptvorstand der Deutschen Evangelischen Allianz bei Bundeskanzler Helmut Kohl im Dezember 1997

Der Vorstand des ERF-International im Mai 1994. Von links: Horst Marquardt, Joachim Loh, Gerhard Hörster, Klaus Haag, Theophil Tobler, Werner Genz, Horst-Armin Eickel, Gerda Orth, Albrecht von Aufseß (Vorsitzender), Karl Fuchs, Werner Messmer

Das ERF-Gebäude, eingeweiht 1971, erweitert 1980 und 1990. Foto: Luftbild Heye

sieht, oder ob er vor einem Mikrofon sitzt und sich im besten Fall in seiner Fantasie vorstellen kann, wer ihm vielleicht zuhören wird.

Wir versuchten deutlich zu machen, dass Radio zwar ein Massenkommunikationsmittel ist, dass es bei der Radioverkündigung aber eher zugeht wie bei einem Telefongespräch – einer spricht mit einem anderen. Eine Arbeitshilfe »Tipps für Radioprediger« wurde erarbeitet und den Radiopredigern angeboten.

Viele Male haben wir uns zuvor zusammengesetzt, um miteinander über die richtige Form der Ansprache zu ringen. Dazu bot sich Gelegenheit bei zwanglosen Zusammenkünften von Männern und Frauen, die am ERF interessiert und zur Mitarbeit bereit waren. Sobald der Sendebetrieb begonnen hatte, waren Tag für Tag Ansprachen erforderlich. Bald kamen dafür die ersten Manuskripte; denn auf »freie Rede« vor dem Mikrofon wollten wir uns nicht einlassen. Schon sehr früh stellten wir fest, dass es gut wäre, vor der Aufnahme einer Ansprache über ihren Inhalt und über ihre Form zu sprechen. Diesen Gedankenaustausch mit Pfarrern, Predigern oder Evangelisten nannten wir »Funkseminar«. Später sprachen wir von »rundfunkhomiletischen Arbeitsgemeinschaften«. Wann diese Begegnungen exakt begannen, weiß ich nicht mehr. Vermutlich war es im Winter 1961/62. Seit Mitte 1962 jedenfalls waren »Funkseminare« eine feste Einrichtung.

Zu jener Zeit war ich viel unterwegs. Eine dieser Fahrten führte mich nach Hengstfeld, einem kleinen Dorf in der Nähe von Crailsheim. Dort hatte Pfarrer Walter Lohrmann seine erste Pfarrstelle. Er hatte Interesse am ERF gezeigt und zu einer Begegnung nicht nur mich, sondern auch einige andere Männer und Frauen aus seinem Umfeld eingeladen.

Ich habe der kleinen Gruppe damals berichtet, was bisher in Zusammenhang mit dem Sender in Monte Carlo geschehen war. Ich skizzierte, was weiter geplant sei. Zuletzt lud ich die Anwesenden ein, ein Manuskript mit der Auslegung eines biblischen Textes vorzubereiten. Bei einem nächsten Treffen sollten diese Konzepte einer Radioansprache vorgetragen und – falls erforderlich – gemeinsam korrigiert werden. Ich stellte in Aussicht, dass wir ein

Tonbandgerät mitbringen würden, um die Ansprachen gleich aufzunehmen, in der Hoffnung, sie bald nach der Aufnahme in einer der Kurzwellensendungen ausstrahlen zu können.

Der Beginn der »Funkseminare« ist bezeichnend für die ersten Schritte des jungen Missionswerkes. Bis dahin im Land unbekannte Schwestern und Brüder, die sich zur Evangelischen Allianz zählten, schrieben auf, was ihnen aus Gottes Wort zur Weitergabe an andere geschenkt wurde. Sie setzten ihre Manuskripte der manchmal harten Kritik der anderen aus. Und dann saßen sie in einem ganz normalen Zimmer vor einem Mikrofon und einem Aufnahmegerät, notdürftig abgeschirmt gegen störende Außengeräusche durch flanellbespannte Kartonwände. »Dieser Anfang war alles andere als spektakulär. Doch – mit solchen kleinen Schritten macht Gott Geschichte« (W. Lohrmann).

Das Beispiel dieser Begegnungen machte Schule. Zwischen Hamburg und Konstanz entstanden weitere Arbeitsgemeinschaften. Später luden auch Bibelschulen, kirchliche Seminare und Ausbildungsstätten zu solchen Lehrveranstaltungen ein. In sehr guter Erinnerung geblieben sind mir vor allem die Schulungstage im Predigerseminar von St. Chrischona bei Basel. Ich war dort besonders gern, weil die Pilgermission Chrischona der erste Verband war, der sich auf Anregung des dort tätigen Lehrers Jakob Zimmermann (1895 - 1972) und des schweizerischen Missionsinspektors Eugen Reichart (1900 - 1980), der ebenfalls auf Chrischona lehrte, für die Sache des Evangeliums-Rundfunks einsetzte, sie empfahl und in den Chrischona-Gemeinschaften bekannt machte.

Diese Verbindung hielt auch über die Jahre an. Edgar Schmid, der langjährige Direktor von »Chrischona«, war Mitglied des Vorstandes des ERF. Der ERF verdankt seinem guten Rat sehr viel. Auch Missionsinspektor Klaus Haag, der ebenfalls lange Zeit im Vorstand mitarbeitete, war einer von denen, die sich immer wieder für den ERF verwandten, sei es in Europa oder in Südafrika, wo Chrischona eine Missionsarbeit betreibt.

Ebenso aus diesem »Stall« kommen auch Martin Fischer, der Leiter des ERF in der Schweiz, der mit großem Geschick und mit viel Elan die Arbeit ausbaute, und Martin Frische, der langjährige

Leiter von TWR-Südafrika, sowie Stephen Boakye-Yiadom, der Regionaldirektor von TWR-Afrika.

Vor seiner Berufung in die Arbeit des ERF war Martin Fischer für die Jugendarbeit von Chrischona verantwortlich. Sein Engagement in der Radiomission wurde auch international anerkannt. Martin Fischer wurde der erste schweizerische Vertreter im Vorstand von TWR-International.

Im Laufe der weiteren Dienstjahre passierte es mir immer wieder, dass mir Männer und Frauen, die im Verkündigungsdienst stehen, sagten: »Wissen Sie noch – wir haben uns damals in Chrischona getroffen ...«

Es hat mich oft verwundert, wie wenig sich in manchen Kirchen und Gemeinschaften die Art des Predigens gewandelt hat. Wenn man Predigtliteratur aus der ersten Hälfte des 20. Jahrhunderts liest und sie mit dem vergleicht, was noch heute von vielen Kanzeln gesagt wird, gibt es überraschende Parallelen. Jede Zeit erfordert doch aber ihre eigene Ausdrucksweise! Ich meine jetzt nicht, dass Abstriche an der Substanz der Botschaft gemacht werden sollten. Im Gegenteil, für uns ist die Bibel das gültige Wort unseres Gottes. Wir stellen uns nicht über die Bibel, sondern lassen uns von ihr gefangen nehmen. Aber w i e ich das weitergebe, was ich in der Bibel lese, womit ich Aufmerksamkeit erwecke, wie ich vor allem auch komplizierte biblische Zusammenhänge darstelle – das zu vermitteln war Ziel unserer rundfunk-homiletischen Arbeitsgemeinschaften.

Es gab allerdings auch manchen, der so urig gewachsen war, dass selbst rhetorische Sonderkurse nichts geändert hätten. Zu ihnen gehörte der von vielen noch immer nicht vergessene frühere Präses des Gnadauer Verbandes Kurt Heimbucher (1928-1988), der inhaltlich überaus wertvolle geistliche Aussagen machte und theologische Anstöße gab. Er tat das aus brennender Liebe zu Christus in einer sehr originellen Art mit unverkennbar fränkischem Dialekt. Ein typischer Radioprediger war er sicherlich nicht, aber w a s er sagte, sprach viele an.

Auch Gerhard Bergmann (1914-1981) war kein ausgesprochener Radioprediger und dennoch ein Verkündiger der Frohen

Botschaft, der viele Menschen mit seinen Ansprachen packte, weshalb seine Beiträge im ERF nicht fehlen durften, vor allem, nachdem er »Alarm um die Bibel« gegeben hatte. Sein Buch zu diesem Thema war eine aufrüttelnde Kampf- und Aufklärungsschrift für die Gemeinde gegen die modernistische theologische Entleerung und Verfälschung der biblischen Grundzeugnisse.

Als »kirchliches Urgestein« galt auch Pfarrer Heinrich Kemner (1903-1993). Der lutherische Pietist war weit über die Grenzen Niedersachsens hinaus als leidenschaftlicher Evangelist bekannt. Bis zu seinem Tode leitete er das größte evangelikale Zentrum in Norddeutschland: das Geistliche Rüstzentrum in Krelingen (bei Walsrode, Lüneburger Heide), das er erst nach seiner Pensionierung aufgebaut hatte. Noch als 80-Jähriger war er im ERF zu hören. Gern denke ich an Gespräche in seinem Haus zurück. Wenn es juristisch machbar gewesen wäre, hätte er sicher gern noch einen eigenen UKW-Sender auf dem Gelände in Krelingen errichtet. Da das aber nicht ging, war er dankbar für die Möglichkeiten, die der ERF bot.

Wilhelm Busch (1897-1966), den großen Evangelisten und Jugendpastor, traf ich zu einer Zeit, als er noch ganz unvollständige Vorstellungen über den ERF hatte. Er saß in seinem Arbeitszimmer vor der manchem bekannten Wand mit Bildern von vielen »Vätern in Christo«. Ich stellte ihm den Evangeliums-Rundfunk vor und er sagte: »Ich weiß nicht, wer Ihr seid bzw. wer hinter Euch steht, wer den ERF gegründet hat, wer ihn finanziert.« Dann machte er eine Pause und fuhr schmunzelnd fort: »Aber wenn Sie mir auf alles eine befriedigende Antwort geben, weiß ich immer noch nicht, ob ich mitmache.« Wilhelm Busch war nicht nur ein brillianter Redner, sondern auch ein Mann, der großartig mit der Feder umgehen konnte. Er schien so gar keine Bereitschaft zu haben, im ERF mitzuarbeiten. »Ich muss die Leute sehen, zu denen ich spreche!«, sagte er, »ich kann doch nicht ins Leere hineinpredigen. Anonyme Verkündigung ist keine Verkündigung.« Ich habe ihn dann gefragt, wie es denn mit seinen Lesern sei, wenn er seine Artikel schreibe. Wie er es denn da fertig bringe, sich an ein ihm auch nicht sichtbares Publikum zu wenden. War es dieses Argument oder ein anderes, jedenfalls war er am Ende überzeugt und gehörte bis zu seinem Tod ebenfalls zu den Verkündigern des ERF.

Heinz Stoßberg (1914-1974) wäre zu nennen, Mitbegründer des ERF und Evangelist der früheren Evangelischen Gemeinschaft, die sich später mit der Methodistenkirche zur Evangelisch-methodistischen Kirche (EmK) vereinigte. Unzufrieden darüber, dass nach manchem Abend im Missionszelt kaum Möglichkeit blieb, mit suchenden und fragenden Menschen ins Gespräch zu kommen, fasste er den Entschluss, ein Freizeit- und Erholungsheim zu bauen, um dort Zeit zu haben für Seelsorge. So entstand das Haus »Höhenblick« in Braunfels. Heinz Stoßberg leitete daneben eine Radiomissionsarbeit, die er »Halte ein und überlege« genannt hatte. Die Sendungen wurden über Radio Luxemburg ausgestrahlt. Als er gefragt wurde, ob er beim ERF mitarbeiten würde, war er sofort bereit, mehr noch, er hat seine Freundeskartei dem ERF übergeben und danach auf eine eigene Radiomissionsorganisation verzichtet. Bis zu seinem Tod gehörte er dem Vorstand des ERF an. Unvergesslich bleibt mir ein Besuch bei ihm wenige Tage vor seinem Heimgang. Als ich ins Zimmer trat, hörte ich, wie er zu einer Krankenschwester, die am Fußende des Bettes stand, sagte: »Schwester, warum sehen Sie mich so traurig an?« Er vermutete wohl, dass sie sehr wohl über seinen Zustand Bescheid wußte und darum so traurig auf ihn schaute. Als die Schwester nicht antwortete, sagte er: »Sie müssen nicht traurig sein, ich bin es auch nicht. Ich weiß, wohin ich gehe. Wissen Sie es auch?»

Die gesungene Botschaft

Es war im Haus »Höhenblick«. Heinz Stoßberg erzählte mir die Geschichte einer seiner Gäste, um den er sich zwei Wochen hindurch bemüht hatte. Er wollte dem Gast so gern das Evangelium nahe bringen, aber es schien, als spräche er bei diesem Mann gegen eine Wand. Als sich der Gast verabschiedete, sagte er etwa Folgendes: »Herr Stoßberg, Sie haben vielleicht gedacht, Sie könnten mir mit Ihrem Reden imponieren. Ich habe manches mitgenommen, aber so ganz überzeugt haben Sie mich nicht. Dennoch gehe ich als ein anderer aus Ihrem Hause, und wissen Sie warum? Ich habe eine Ihrer Helferinnen beim Putzen beobachtet. Da hat sie eines dieser frommen Lieder gesungen. Das hat mich so getroffen und so bewegt, dass ich mir gesagt habe: Es ist wohl doch mehr dran an dieser Botschaft, als ich ihr bisher zugestehen wollte.«

Ähnliche Erfahrungen haben wir beim ERF gemacht. Eine Zeit lang hatte ich eine Sendereihe unter dem Titel »Lieder, durch die ich gesegnet wurde«. Ich bedauere noch heute, dass ich die Zuschriften, die mich in großer Zahl erreichten, damals nicht veröffentlicht habe. In vielen dieser Zuschriften hieß es – ähnlich wie es jener Gast Heinz Stoßberg gegenüber äußerte: Was die Rede nicht erreicht, schafft der Gesang.

Heinz Stoßberg hatte eine besondere Liedreihe »Lieder, die wir gerne hören«. Ich habe diese Reihe später fortgeführt unter wechselnden Titeln wie »Singet dem Herrn«, »Hörer wünschen Lieder« oder »Du meine Seele, singe«. Ich war erstaunt, dass etwa hundert Choräle und Lieder aus dem Liedschatz der Gemeinschaftsbewegung und des deutschen Pietismus zu den immer wieder verlangten Titeln gehörten. Allen voran waren es Lieder wie »Welch ein Freund ist unser Jesus«, »Stern, auf den ich schaue«, »Weiß ich den Weg auch nicht, du weißt ihn wohl« oder »Auf Adlers Flügeln getragen«. Es war mir eine Freude, mit dazu beitragen zu können, dass diese Lieder, aber auch viele neue, immer wieder zu hören waren.

Leider war unser Liedarchiv damals noch nicht sehr umfangreich. Das Liedgut wurde öfter – häufig aus kirchlichen Kreisen, besonders auch von musikalisch geschulten Menschen – kritisiert.

Friedrich Samuel Rothenberg (1910-1997) beschäftigte sich 1967 in der Zeitschrift »Das missionarische Wort« mit dem Thema »Evangelisation durch Rundfunk?«. Darin schilderte er die Bemühungen, das Evangelium über Rundfunk weiterzugeben. Er war der Meinung, dass es den Rundfunk-Evangelisten im Allgemeinen nicht gelinge, sich sprachlich neu zu orientieren. Trotz mancher

Beispiele aus Technik, Verkehrswesen, Wirtschaft und Politik sei der Inhalt der Verkündigung so traditionell wie nur vorstellbar formuliert. Doch Rothenberg erkannte an, dass die vielerorts durchgeführten rundfunk-homiletischen Arbeitsgemeinschaften des Evangeliums-Rundfunks um die sprachliche Form der Ansprachen bemüht seien, was den Teilnehmern auch in ihrem sonstigen Dienst zugute käme. »Aber«, so machte sich Rothenberg zum Anwalt auch anderer: »Die Ansprachen sind zumeist gut und kraftvoll, wenn nur nicht hinterher die schmachtenden Gesänge kämen.« Pfarrer Rothenberg, selbst ein Mann des Wortes und des Liedes, war unglücklich darüber, dass die klare Botschaft des Evangeliums oft nicht in angemessener Weise musikalisch vermittelt wurde. Er fragte, ob es ausgerechnet eine Hammondorgel sein müsse oder ein »gefühlstriefendes Duett«. Er bat die Mitarbeiter im Evangeliums-Rundfunk, neue Wege zu beschreiten.

Das war natürlich – wenn auch gutmeinend angemahnt – schwieriger getan als gedacht. Noch standen wir ja am Anfang. Zwar erschien der Vorrat an Chorälen und kirchlichen Liedern unerschöpflich. Es stellte sich aber doch heraus, dass im Blick auf Melodie und Text in den Sendungen besondere Ansprüche gestellt werden mussten. Einige Liedermacher hatten das erkannt und begannen, Lieder zu schreiben und Tonträger zu produzieren, die nicht nur im Land gern gekauft, sondern die auch in den Sendungen des ERF bekannt gemacht wurden.

Herbert Müller, der langjährige Geschäftsführer des Missionswerkes »Neues Leben« erinnert sich: »Hermann Schulte nahm unentwegt christliche Lieder auf, die auf Schallplatten und in Radiosendungen über Radio Luxemburg und Monte Carlo zum Ohr und Herz der Hörer fanden. Mit einem ehemaligen Opernsänger, Franz Knies, und einem Chor aus der Evangelisch-Freikirchlichen Gemeinde Mettmann haben wir begonnen, geeignete Lieder einzustudieren und aufzunehmen. Ich erinnere mich noch gut an die ersten Aufnahmen. Im Keller der Gemeinde Mettmann war ein Behelfsstudio eingerichtet worden, und im Kirchensaal sangen wir. Alle waren natürlich furchtbar aufgeregt. Die Nebengeräusche gingen uns auf die Nerven. Jedes Lied mussten wir mehrfach wiederholen. Ich fungierte als Dirigent und bearbeitete gleichzeitig eine elektronische Orgel. Sie hieß ›Tuttifox‹ und verfügte gerade mal über zwei Oktaven. Wollte man höher oder tiefer spielen, musste man einen Knopf betätigen. Das führte zu einer wilden Fummelei. Wie glücklich waren wir, wenn es aus dem Keller hieß: ›Gestorben!‹ – was bedeutete, dass die Aufnahme endlich gelungen war und wir das nächste Lied in Angriff nehmen konnten. Lieder, die mir in Erinnerung blieben, sind: ›Wunder der Gnade Jesu‹, ›Siehe, das ist Gottes Lamm‹, ›Sterbend ein armer Zigeunerknab wacht‹ ...«

Neben Franz Knies machten seinerzeit auch Renate Lüsse und Christel Menzel (geb. Schrebkowsky) christliche Schallplatten und Sendungen bekannt.

Wie kaum ein anderer hat in den ersten zweieinhalb Jahrzehnten Wilfried Mann (1931-2001) mit seinem Gesang das Ohr und Herz der Hörer erreicht und bewegt. Im Evangeliums-Rundfunk war er als Verwaltungsdirektor tätig. Einige Jahre hindurch knüpfte und pflegte er auch Verbindungen zu anderen Partnern in Europa und Übersee. Viele Reisen haben wir in Deutschland miteinander gemacht, um durch Informationsveranstaltungen die Hörer mit Wort und Lied zu erreichen.

Wilfried Mann wollte ursprünglich Opernsänger werden. Nach seiner Ausbildung sang er in großen Konzerten, als der Leiter des »Jugend für Christus«-Chores auf ihn aufmerksam wurde und ihn zu Schallplattenaufnahmen nach Wetzlar einlud. Dort lernte er Hermann Schulte kennen, der ihn fragte, ob er als kaufmännischer Leiter zum Evangeliums-Rundfunk kommen würde. Diese Anfrage und auch noch einige andere hat Wilfried Mann erst abgelehnt, bis er schließlich doch ja sagte und nach Wetzlar kam. Ursprünglich war er kein Freund der so genannten Heilslieder, wie sie damals in den Sendungen des ERF zu Gehör gebracht wurden. Er bevorzugte die klassische Musik und Musik zeitgenössischer Kirchenmusikkomponisten. Nachdem er aber in seiner neuen Tätigkeit beim ERF die täglich eingehende Post las und entdeckte, wie viele Leute gerade durch dieses oder jenes Heilslied erfreut und gesegnet worden waren, rang er sich durch, ebenfalls dieses

Liedgut zu interpretieren, allerdings, indem er sich bemühte, das Bestmögliche daraus zu machen. Eines Tages erhielt er den Brief einer Diakonisse aus Bethel: Sie habe gerade einen furchtbaren Streit zwischen zwei geistig behinderten Mädchen schlichten müssen. Vollkommen erschöpft sei sie auf ihr Zimmer gegangen, habe sich auf das Bett gelegt und habe das Radio eingeschaltet, um die Vormittagssendung des ERF zu hören. Da habe gerade Wilfried Mann gesungen:

Sei still, mein Herz, was immer dir geschieht,
trag mit Geduld des Lebens Kreuz und Leid,
Gott ist ein Freund, der deine Drangsal sieht,
er bleibt dir treu im Wandel dieser Zeit.

Dieses Lied, so schrieb die Diakonisse, habe sie innerlich ruhig werden lassen, es habe ihr die Kraft gegeben, aufzustehen und mit neuer Freude und neuem Mut wieder an die schwere Arbeit zu gehen (s. auch Hanni Lützenbürgers Buch über die ersten zwei Jahrzehnte des ERF: »... aber Gottes Wort ist nicht gebunden«).

In vorbildlicher Weise haben das Evangelium im Lied weitergegeben: Gerhard Schnitter, der viele Jahre die Musikabteilung des ERF leitete, der vielseitig begabte und so kreative Johannes Nitsch und Manfred Staiger, der eine Zeit lang beim ERF angestellt war. Was wäre manche Sendung gewesen ohne die Lieder von Siegfried Fietz, Peter Strauch oder von Dr. Manfred Siebald! Ihn und seine Christine habe ich im Dezember 1973 getraut. Voller Dank und Freude haben wir anlässlich der 25. Wiederkehr des Hochzeitstages in Mainz Gottes Güte gepriesen.

Ich bin zutiefst davon überzeugt, dass der Evangeliums-Rundfunk ohne sein Liedgut nicht das geworden wäre, was er geworden ist. Wie sehr hat es uns geholfen, dass wir die Produktionen des Verlages Hermann Schulte übernehmen konnten. Ihm halfen zu jener Zeit Peter van Woerden, ein sehr einfühlsamer Begleiter, der auch einige Lieder geschrieben hat, und Margret Birkenfeld, deren Lieder noch heute – nicht nur im ERF, sondern auch in vielen

Gemeinden – erklingen. Doch die Produktion des Verlages »Frohe Botschaft im Lied« reichte nicht. Bei einer wachsenden Zahl von täglichen Sendungen erwies sich das ERF-Programm geradezu als unersättlich. Wir haben uns geholfen, indem wir unterwegs bei Veranstaltungen das eine oder andere Solo oder Chorlied aufnahmen. In großer Treue half uns der Evangelische Sängerbund, der zu Tonaufnahmen ins Haus kam (und noch heute kommt). Als später christliche Verlage ihre eigenen Platten, Kassetten und CDs herausgaben und uns zur Verfügung stellten, bereicherte das die Arbeit des ERF sehr.

Das gilt auch für die Radiomission in anderen Sprachen. Wir waren ein gutes Jahrzehnt tätig, als mir eine Hörerin begegnete, die sich nicht nur für die Sendungen des ERF interessierte, sondern auch für die von Radio Evangile, der Schwesterorganisation in Frankreich. Die Dame erzählte u. a. von Eliane Nussbaumer, einer Mennonitin aus dem Elsass, die häufig in dem Programm von Radio Evangile zu hören war. Mancher Veranstalter kirchlicher Konzerte hätte diese Sängerin gern gewonnen, einmal zur Mitwirkung in der Matthäus-Passion, ein anderes Mal bei anderen Oratorien oder kirchlichen Feierstunden. In einigen Fällen hat Eliane Nussbaumer diese Einladung abgelehnt mit der Bemerkung, dass sie Hörern nicht nur zu einem kulturellen Erlebnis oder zu einem Ohrenschmaus verhelfen möchte, ihre Stimme solle zu Jesus rufen. Deshalb sang sie lieber bei Evangelisationen in einem Zelt oder Saal und eben auch in den Radiosendungen.

Selbstlos und ohne Honorare zu erwarten, haben uns Sänger und Sängerinnen geholfen. Unvergessen Doris Loh und der »Jugend für Christus«-Chor oder der »Evangeliums-Chor« in Stuttgart unter Friedrich Hänssler, der in jedem Jahr eine Woche opferte, um mit dem ERF unterwegs zu sein und die Arbeit bekannt zu machen. Abend für Abend zu singen und zu reden war zwar jedes Mal eine ziemliche Anstrengung, doch den vielen dankbaren Hörern zu begegnen, war eine willkommene Entschädigung.

Unvergessliche Begegnungen

Intensiv war die Zusammenarbeit mit den Vertretern von TWR, die in Monte Carlo lebten und arbeiteten. Unvergesslich bleiben uns die großen Konferenzen, die in gewissen Zeitabständen von TWR veranstaltet wurden. Dann trafen sich die leitenden Männer der weltweiten Radiomission und die verschiedenen Mitarbeiter und Mitarbeiterinnen aus den einzelnen Fremdsprachenabteilungen. Es kamen ferner die amerikanischen Vertreter verschiedener Radioorganisationen, die bei TWR Sendezeit kauften und zum Teil mit außerordentlichen Erfolgen in verschiedenen Sprachen ihre Programme ausstrahlten. Es trafen sich außerdem Sänger und Musiker sowie Männer und Frauen, deren Namen nie genannt wurden und die doch so wichtig sind, um die Radiomissionsarbeit zu ermöglichen – Techniker, Monteure, Verwaltungs- und Finanzsachbearbeiter und auch Menschen, die mit beachtlichen Opfergaben die Arbeit finanziell förderten.

Da war zu erleben, welche Macht Gottes Wort hat und wie großartig es ist, mit anderen Menschen zusammenarbeiten zu können, die ebenfalls erlebt haben, dass Jesus sie gerufen hat und dass es nichts Schöneres gibt, als in seinem Dienst zu stehen.

Ich erinnere mich zum Beispiel an das, was uns Hans van der Steen 1966 erzählte. Er war ein Jahr zuvor mit seiner Frau Jenny in den Dienst der Radiomission gerufen worden. Erfreulicherweise hatten ihm Freunde Wochen zuvor ein Auto zur Verfügung gestellt, mit dem er überhaupt nicht gerechnet hatte. Als er wusste, dass Trans World Radio ihn um seine Mitarbeit bitten würde, hat er bei seinem Arbeitgeber, einer weltweit bekannten Firma für Radio und Fernsehen, gekündigt. Seine Tätigkeit war dem bisherigen Chef aber so wertvoll, dass er ihm anbot: »Wenn Sie entdecken, dass sich Ihre Pläne nicht erfüllen, können Sie gerne zurückkommen.« Ein großes Problem war für Hans van der Steen die Einrichtung eines Studios. Woher das Geld? Woher die Maschinen? In seiner alten Firma sah er zwei Aufnahmemaschinen, von denen er wusste, dass diese neu ca. 30 000 Mark kosten würden. In den Tagen darauf hat

Hans van der Steen mit seiner Frau viel gebetet. Es war sein Wunsch, dass Gott ihm doch den Weg ebnen möchte. Er fragte den zuständigen Sachbearbeiter der alten Firma, wieviel er zahlen müsste, um diese Maschinen zu bekommen. Der fragte zurück, was er denn zahlen wolle. Hans van der Steen antwortete: »400 Mark.« Darauf fragte der Sachbearbeiter: »Willst du eine oder zwei Maschinen für diesen Preis?« und Hans antwortete mutig: »Alle beide!« Eine Woche später hatte er diese Maschinen in seinem Haus. Dazu auch alle Zusatzgeräte, Stecker, Kabel usw. Nach einer weiteren Woche konnte er mit den Sendungen in holländischer Sprache beginnen. Zu den bekanntesten Mitarbeitern zählte Corrie ten Boom.

Besondere Erfahrungen mit dem lebendigen Gott machte auch Bill Mial, einer der leitenden Mitarbeiter von TWR. Unzählige Begegnungen mit ihm hatte ich im Laufe der Jahre. Auf zahlreichen Sitzungen haben wir miteinander die Sache von TWR vorangetrieben. Er war anfangs einer der wenigen, der Verständnis dafür zeigte, dass die internationalen Partner von TWR stärker an der Gesamtverantwortung des weltweiten Unternehmens und den zu treffenden Entscheidungen beteiligt sein müssten. Manche Reise haben wir miteinander gemacht. Ich habe Bills geistliche Disziplin bewundert. Ob wir zu einer »normalen Zeit« frühstückten oder schon sehr früh oder ob es erforderlich war, ohne Frühstück zum Flugplatz zu gehen, um eine frühe Maschine zu bekommen – es verging wohl kein Mal, in dem Bill nicht von dem berichtete, was er morgens beim Lesen der Bibel gedacht und empfunden hatte. Es gab viele Male einen sehr fruchtbaren Gedankenaustausch, der mich geistlich mehr bereicherte als manche kirchliche Veranstaltung.

Bill und seine Frau Joan haben auf einzigartige Weise erfahren, wie Gott für sie sorgt. Über vier Jahrzehnte sind sie im Dienst von TWR. Während dieser Zeit lebten sie in 21 Häusern oder Wohnungen, in acht Ländern, auf fünf Kontinenten. Sie waren überall und nirgends zu Hause. Und das natürlich nicht etwa, um große Geschäfte zu machen, sondern bescheiden im Dienst der Radiomission. Als sie Anfang der 90er-Jahre nach Amerika zurückgerufen wurden, um dort tätig zu sein, hatten sie keine Bleibe. Zum ersten Mal im Leben war es daher für sie möglich, nach einem eigenen Haus Ausschau zu halten.

Es musste etwas Erschwingliches sein, denn große Geldsummen hatten sie nicht ansparen können. Bill und Joan besaßen dazu noch besondere Vorstellungen. Vor ihrer Übersiedlung nach Amerika hatten sie eine Liste angelegt mit etwa 25 Bedingungen, die sie an ein künftiges Haus stellten. Es sollte nicht zu groß sein und doch Platz bieten, wenn die erwachsenen Kinder zu Besuch kämen. Es sollte hell und freundlich sein und auch einen Raum haben, der als Werkstatt geeignet wäre, und anderes mehr.

Nach einigen vergeblichen Anläufen zeigte ihnen eine Maklerin eines Tages ein Haus, von dem sie meinten, es sei geeignet. Weil sie schon zuvor von einem anderen Haus gedacht hatten, es könnte ihren Ansprüchen genügen, waren sie jedoch verunsichert. Sie erbaten Klarheit von Gott. An dem Tag, als der Kaufvertrag unterzeichnet werden sollte, lasen sie in ihrer Morgenandacht im Psalm 16: »Der Herr ist mein Gut und mein Teil … Das Los ist mir gefallen auf liebliches Land; mir ist ein schönes Erbteil geworden.« Da schauten sich die beiden an und wussten – ohne weiter lange zu diskutieren: Jetzt können wir getrost unterschreiben. Das war keine Fehlentscheidung. Gott hatte den Wunsch der beiden in Erfüllung gehen lassen.

In Frankreich sorgte Charles Guillot für die Arbeit von Radio Evangile. Mit Hermann Schulte hatte ich ihn eines Tages besucht, als wir auf der Suche nach einem geeigneten Leiter für die französische Arbeit waren. Nach der Begegnung mit Charles waren wir gewiss, dass er der richtige Mann sei, die von Robert Bührer begonnene Arbeit fortzuführen. Weil die finanziellen Möglichkeiten für missionarische Arbeit in Frankreich leider begrenzt sind, hatte es der Evangeliums-Rundfunk übernommen, Radio Evangile finanziell zu helfen. Wir waren darum auch interessiert, zu wissen, wer die Leitung der Arbeit übernehmen würde.

Von Anfang an haben wir den Eindruck gewonnen, dass uns Gott mit diesem Mann einen hervorragenden Leiter geschenkt hat. Er und seine Frau Alice waren zuvor beim Bibellesebund tätig.

Charles wirkte auch als Evangelist und als Autor zahlreicher Artikel und Predigten. Nach seiner Pensionierung war er jahrelang für und in Afrika tätig, um französisch sprechende Afrikaner für die Verkündigung des Evangeliums im Radio zu schulen. Besonders verdient hat er sich gemacht um die Entwicklung der Sendungen von »Le Défi de l'Afrique«, der französischen Version von »Afrika soll leben«.

Wie der Evangeliums-Rundfunk pflegte auch Radio Evangile durch Informations-Veranstaltungen in seinem Sendegebiet den Kontakt mit den Hörern aufrecht zu erhalten. Diese Veranstaltungen wurden im Allgemeinen evangelistisch gestaltet.

Eines Tages spricht Charles in Lyon. In den hintersten Reihen des Saales sitzt ein Mann und hört aufmerksam zu. Am Schluss geht er ohne ein Wort zu sagen weg. Keiner der übrigen Anwesenden erkennt ihn. Bis zu jenem Augenblick war seine Lebensführung von krimineller Aktivität bestimmt, aber an jenem Abend begegnet er in der Veranstaltung von Radio Evangile Jesus Christus. Er geht hinaus als ein neuer Mensch, auch wenn niemand von den anderen Teilnehmern der Veranstaltung weiß, welche Entscheidung er getroffen hat. In der darauf folgenden Nacht ist er mit seinen bisherigen Komplizen zusammen. Die reagieren sehr zornig, als sie hören, was mit ihm vorgegangen ist. »Gott hat mein Leben verändert«, teilt er ihnen mit. »Ich bin jetzt Christ. Ihr könnt für Eure künftigen Unternehmungen nicht mehr mit mir rechnen.« Kurze Zeit später ist diese Begegnung beendet. Der Mann jedoch, der seinen früheren Freunden eröffnet hat, dass er sein Leben unter die Herrschaft Jesu gestellt habe, findet kein Verständnis. Im Gegenteil, sie greifen ihn mit Messern an und fügen ihm lebensgefährliche Verletzungen zu. Es ist nicht bekannt, wer ihn gefunden hat und für die Einlieferung ins Krankenhaus sorgt. Die Ärzte bemühen sich sehr um den Verletzten. Er spürt das und bittet den behandelnden Arzt, ihm einen Wunsch zu erfüllen. Er möchte, dass seine Geschichte bekannt wird. Alle, die an der Veranstaltungsreihe von Radio Evangile teilnehmen, sollen es hören. Er gibt dem Arzt den Schlüssel zu seiner Wohnung. Er erzählt ihm von den Gegenständen, die er dort finden würde, Dinge, die er gestohlen hatte. Er bittet, sie der Polizei zurückzugeben, damit die sie, wenn möglich, den Bestohlenen zurückgeben könne. Kurz darauf stirbt der Mann. Der Arzt kommt der letzten Bitte des früheren Gangsters nach und berichtet auf der auch an diesem Abend noch laufenden Veranstaltung von Radio Evangile, was er erlebt hat. Aber das ist nicht alles. Das Zeugnis des sterbenden Mannes hat den Arzt so tief beeindruckt, dass er selbst sein Leben Jesus Christus übereignet.

Einer, dessen Zeugnis auch immer wieder beeindruckt, ist Peter Frey, ein Schweizer Geschäftsmann mit vorbildlich missionarischer Gesinnung. Viele Häuser, die TWR in Afrika gebaut hat, stünden ohne seine Hilfe nicht. Viele afrikanische Sprachen wären nicht im Programm, wenn er nicht eine Anstoßfinanzierung ermöglicht hätte. Einem anderen Unternehmer, der über schlecht gehende Geschäfte klagte, sagte er: »Du hast nichts, weil du nicht genug gibst« (nämlich für die Sache Gottes). Den Zehnten für die Sache des Herrn Jesus Christus, vor allem für Mission und Evangelisation zur Verfügung zu stellen, sollte für einen Christen selbstverständlich sein, meint Peter. Aber er will nicht nur finanziell helfen. Stets hat er, wenn er unterwegs ist, einige Traktate bei sich, die er an der Tankstelle der Frau an der Kasse, im Restaurant an den Kellner oder im Flugzeug an die Stewardess weitergibt. Er nutzt jede sich bietende Gelegenheit, auf Jesus, den Retter, hinzuweisen. Mit Peter unterwegs zu sein macht jede Reise zu einer Missionsreise!

GOTT FÜHRT IN DIE WEITE

Der Sender in der Karibik – ein gewagtes Projekt

1959 hatte der Pionier der Radiomission und Visionär Paul Freed seinen Vertrag mit Radio Monte Carlo unterschrieben. Die Dauer war ursprünglich auf 10 Jahre befristet. Bis 1969 war also der Betrieb von TWR mehr oder weniger garantiert. Was aber, wenn es zu keiner Verlängerung des Vertrages kommen sollte?

Freed war daher sehr daran interessiert, in irgendeinem anderen Gebiet der Welt weitere Sendemöglichkeiten zu entdecken und zu nutzen. Kein Zweifel bestand darüber, dass es in Europa oder im Mittelmeerraum zu der Zeit keine weiteren Möglichkeiten geben würde.

Die Planungen und Überlegungen führten ohnehin über Europa hinaus. Man hatte ja nicht von ungefähr den Namen Trans World Radio gewählt. Die ganze Welt sollte erreicht werden. Darum wäre es sicher gut – so sagten sich die verantwortlichen Leute bei TWR – in einer anderen Gegend der Welt einen weiteren Sender zu haben.

Bereits 1962 konnte Paul Freed mit der Planung für einen TWR-eigenen Sender beginnen. Er sollte in der Karibik errichtet werden. Sehr hoffnungsvoll gestalteten sich die Begegnungen und Verhandlungen mit Regierungsvertretern der Niederländischen Antillen. Wir konnten kaum glauben, dass die Genehmigung zur Errichtung eines Mittelwellensenders von 500 kW auf der Insel Curaçao ohne erschwerende Auflagen gegeben werden sollte.

Bald aber stellte sich heraus, dass eine Radiostation den Flugbetrieb des Flughafens von Curaçao stören würde. Die an- und abfliegenden Flugzeuge wären außerdem für die Sendungen ein Störfaktor gewesen. Darum entschlossen sich die Regierung der Niederländischen Antillen und die Vertreter von TWR noch während der Planung, das Projekt auf die Nachbarinsel Bonaire zu verlegen.

Bald erwies es sich, dass diese Insel im Blick auf den Bau eines Senders ein Standort sein würde, wie er besser nicht gedacht werden konnte. Die vielen Salzflächen der Insel würden – so ließ sich ermitteln – die Wirksamkeit der Sendeanlagen erhöhen. Ein 500-kW-Mittelwellensender begann seine Tätigkeit am 1. Oktober 1964. Im Frühjahr 1965 kam ein 260-kW-Kurzwellensender dazu. Seither war TWR unter den Nicht-Regierungssendern viele Jahre hindurch die sendestärkste Radiogesellschaft der Welt.

Seinerzeit waren wir so dankbar, dass sich nach der Hektik der Anfangsjahre alles ein wenig beruhigt hatte und dass die Sorgen um die Finanzierung nicht mehr so groß waren. Doch nun war es schon wieder vorbei mit der Ruhe. Erneut war eine Millionensumme erforderlich, um den Bau zu ermöglichen. Der ERF erklärte sich bereit, mit 250 000 DM zu helfen. Ein stattlicher Betrag, der aufzubringen war neben den übrigen Kosten, die zwar langsam, aber stetig stiegen.

Die tägliche Arbeit nahm mich seinerzeit schon so gefangen, dass ich die Bauarbeiten nicht mit so großem inneren Engagement verfolgte, wie Jahre zuvor das Werden des Senders in Monte Carlo. Aber eines Abends saß ich in meinem Arbeitszimmer und versuchte, einen Überblick über die Tätigkeit von Kurzwellensendern in aller Welt zu bekommen. Plötzlich hörte ich Musik und eine Ansage: TWR Bonaire. Irgendwie hatte ich verschwitzt, dass die Testsendungen begonnen hatten, und war außerordentlich überrascht, als ich ein klares, gutes Signal empfing. Mein Herz schlug schneller, und ich wusste vor Freude nicht, wohin. Die Frage war nun natürlich, ob wir Sendungen auch in deutscher Sprache von Bonaire übertragen würden. Es stellte sich dann aber heraus, dass so etwas wegen des Zeitunterschiedes nicht ratsam war – ich hatte die Sendung nachts empfangen und in meinem Überschwang nicht bedacht, dass man zu der Zeit kaum einem größeren Publikum Sendungen anbieten könnte. Es wurde dann beschlossen, Bonaire vor allem zu nutzen für Sendungen in spanischer, portugiesischer und englischer Sprache. Bald aber wurde uns bewusst, dass für die noch immer deutschsprechenden Menschen in Südamerika sehr wohl Programme wünschenswert seien. Wir machten Pläne, die nur kurze Zeit später in die Praxis umgesetzt wurden.

Nicht nur finanziell wollten wir uns an der Arbeit in Bonaire beteiligen, sondern auch personell. Wir entsandten einen ausgezeichneten Helfer: Udo Lüsse, der seine theologische Ausbildung auf der Bibelschule in Brake erhalten hatte. Ich hatte ihn während meiner Zeit als Gemeindepastor in Wetzlar kennen gelernt. Aus kleinsten Anfängen baute er eine blühende kirchliche Jugendarbeit auf. Bei besonderen Anlässen konnten die Räume die vielen Besucher kaum fassen. Udo war bereit, als Tontechniker nach Bonaire zu gehen. Er bekam eine Sonderausbildung bei Telefunken. Wir sandten ihn für einige Monate nach Monte Carlo und hofften, ihn so für den Dienst auf Bonaire vorbereiten zu können. Zu seiner und unserer Freude fand er in Monte Carlo auch seine spätere Ehefrau Berni. Die beiden haben Jahrzehnte hindurch einen großartigen Dienst auf Bonaire getan. Udos handwerkliches Talent wurde nicht nur von TWR geschätzt. Einheimische, aber auch Europäer und Nordamerikaner, die auf der Insel lebten, baten ihn um Hilfe, wenn eine Pumpe oder Maschine nicht funktionierte. Berni hat später die deutschen Sendungen betreut und wurde den Hörern in Südamerika durch ihre Stimme sehr vertraut. Längst haben die beiden ihr silbernes Dienstjubiläum hinter sich. Die Söhne sind groß geworden und stehen auf eigenen Beinen. Udo und Berni – inzwischen mehr Bonairianer denn Europäer – haben nicht nur gesagt: »Herr Jesus Christus, wir wollen dir dienen.« Sie haben es getan – mit ihrem ganzen Leben.

Ein ganzer Kontinent wird erreicht

Ein junger brasilianischer Großstädter hatte allen Lebensmut verloren. Obwohl er nichts entbehrte und bisher durchaus versucht hatte, dem Leben die besten Seiten abzugewinnen, verlor er den Mut zum Weiterleben. Er wollte sterben. Darum drehte er den

Gashahn seines Küchenherdes auf, nachdem er alle Fenster und Türen luftdicht gemacht hatte. Als das Gas bereits zu strömen begann, fiel ihm ein, dass seine Nachbarn unter Umständen aufmerksam werden könnten, wenn es in den nächsten Stunden in seiner Wohnung ungewohnt still wäre. Er beschloss darum, das Radio anzustellen. Er drückte die Taste seines Gerätes und fand nicht gleich eine geeignete Station. Er drehte ein wenig und hörte plötzlich von einer ihm unbekannten Station eine Männerstimme mit den Worten: »Vielleicht sind die Probleme deines Lebens so groß, dass du keine Lösung weißt. Vielleicht willst du dir sogar das Leben nehmen, weil du hoffst, auf diese Weise um alle weiteren Schwierigkeiten herumzukommen. Ich muss dir aber sagen, dass du noch gar nicht bereit bist zum Sterben und dass ein solcher selbst gewählter Tod auch keine Lösung ist.« Der junge Mann war erschrocken zusammengefahren. Es schien ihm, als habe ihn der Sprecher förmlich gesehen. Er rannte an die Fenster und riss sie weit auf, stellte das Gas ab, hörte der Sendung weiter zu und erfuhr am Schluss, dass er eine christliche Radiostation eingestellt hatte, nämlich TWR oder, wie man in Südamerika sagt, Radio Trans Mundial, Bonaire. Er fühlte sich von diesem Augenblick an außerstande, seinen Plan in die Tat umzusetzen. Er schaltete am nächsten Tag und am kommenden den Sender erneut ein und hörte zum ersten Mal in seinem Leben bewusst die Frohe Botschaft von Jesus Christus, dem Retter und Freund der Menschen. Der Mann wurde von dieser Botschaft so gepackt, dass ihm klar wurde: Diese Leute im Radio reden von etwas, was mir noch fehlt. Nach kurzer Zeit erfasste er die Bedeutung Jesu, schenkte ihm sein Vertrauen und berichtete der Radiostation von dem Einfluss Gottes in seinem Leben und der großen Wende.

An einem Wasserkraftwerk in Brasilien wurde mit großer Intensität gearbeitet. Jeweils morgens gegen vier war Schichtwechsel. Der Wirt der Kantine, in der die Arbeiter ihr Frühstück einnahmen, war einige Zeit zuvor auf die Frühsendungen von Radio Trans Mundial aufmerksam geworden. Er beschaffte sich einen guten Lautsprecher und sorgte dafür, dass jeden Morgen ca. 2 000 Arbeiter das Evangelium hören konnten.

Es war für uns eine große Ermunterung und Bestätigung des Weges, den wir im Glauben eingeschlagen hatten, dass in einem zunehmenden Maße die portugiesischen Programme von Radio Trans Mundial Aufmerksamkeit fanden. Bemerkenswert war das, weil während des Tages ja auch viele andere Sender in Brasilien zu empfangen waren, auch Sender mit religiösen Programmen.

Aus einem kleinen Ort im Norden Brasiliens schrieb ein katholischer Priester holländischer Abstammung: Er hörte fast alle deutschen Sendungen des Evangeliums-Rundfunks von Bonaire. Er bedankte sich für die Hilfe, die ihm die Radiomission für seinen Dienst geboten habe und teilte mit, dass er zahlreiche deutsche Beiträge ins Portugiesische übersetzt habe, um sie dann seiner brasilianischen Gemeinde zugänglich zu machen.

Aus vielen Orten Südamerikas meldeten sich Hörer. Besonders guten Empfang hatte man offensichtlich im riesigen Amazonasgebiet. Von nirgendwo sonst kam so viel Echo wie von dort.

Mehrfach hatte ich das Vorrecht, unsere Mitarbeiter auf Bonaire besuchen zu können. Für sie war es gar nicht so einfach, Tag für Tag an einem Platz zu arbeiten, der zwar für Tausende von Menschen ein Touristik-Paradies ist, aber doch extreme Klimaverhältnisse hat. Bonaire ist eine kleine Insel in der subtropischen Welt, umgeben von herrlichem, klarem Wasser. Wer dort taucht, entdeckt eine wunderschöne Welt – Pflanzen und Fische von einzigartiger Form und Farbe. Aber was so harmlos aussieht, kann auch tückisch sein. Ein Mitarbeiter von TWR ertrank, als er sich beim Schwimmen und Tauchen etwas erholen und erfrischen wollte. Nach seinem Tod gingen die Lüsses nach Bonaire, um die Stelle des Verstorbenen einzunehmen.

Nie ist die Arbeit auf Bonaire ausgegangen, nie wurde sie langweilig. Nicht nur Tausende und Zehntausende von Menschen in den Ländern Südamerikas haben TWR zu schätzen gewusst, sondern auch die Menschen in der Karibik selbst. Als die Kurzwellensendungen Ende der 80er-Jahre ihre Attraktivität verloren, entwickelte TWR Satellitenprogramme, die von UKW-Stationen in Lateinamerika empfangen werden konnten. Im Februar 2000 ist ein 100-kW-Mittelwellensender seiner Bestimmung übergeben worden. Er ist für den gesamten karibischen Raum gedacht. Besondere Jugendprogramme wurden entwickelt. Einheimische Liedermacher und Komponisten, die häufig nur auf ihrer eigenen Insel bekannt waren, sind nun im ganzen Gebiet zu hören. Sie begeistern ihre jugendlichen Zuhörer.

Besonders dankbar für diesen Mittelwellensender sind Menschen auf Kuba. Dort leiden – neben Rotchina und Nordvietnam – die Menschen am längsten unter der kommunistischen Diktatur. Eine große Zahl von Hörern und auch Hörergemeinschaften hat sich auf Kuba gebildet. Wie dankbar sind Menschen für einen Sender, der keine Propaganda verbreitet, sondern ihnen den Zuspruch des Evangeliums schenkt.

Auch dort, wo ursprünglich einmal der Sender stehen sollte, nämlich auf der Insel Curaçao, wurde und wird TWR/RTM gehört. Die umgestaltende Kraft des Evangeliums hatte ein Mann erfahren – nennen wir ihn Pedro. Eines Tages war er von Curaçao nach Bonaire geflogen, wo er den Leiter von TWR um ein Gespräch bat.

Nach wenigen einleitenden Sätzen kam der fremde Gast gleich zur Sache: »Sagen Sie mal«, fragte er, »kann man bei Ihnen auch getraut werden?« »Warum?«, fragte der Leiter, »wollen Sie denn heiraten?« »Eigentlich würde ich gerne. Kann man das?« »Ja«, sagte der Direktor, »ich muss allerdings wissen, worum es überhaupt geht.«

Pedro berichtete, dass er aus Curaçao stamme und seit 33 Jahren mit einer Frau zusammenlebe. Sie seien nicht verheiratet, hätten jedoch Kinder, Verwandtschaft, Freunde usw. Jeder denke von ihnen, sie wären verheiratet. Sie seien es aber nicht. »Ich habe vor drei Jahren angefangen, Ihre Nachrichtensendungen zu hören«, sagte Pedro. »Es hat mir gefallen, dass Ihre Nachrichten so objektiv sind und so gut. Manchmal habe ich zum Schluss der Nachrichten nicht abgeschaltet, sondern noch weiter gehört. Es folgten ja regelmäßig Ihre christlichen Programme. Da war immer wieder von Christus die Rede, der das Leben verändert. Sie sprachen von der Bibel, die so wichtig ist. Und dass man eigentlich ohne Orientierung lebt, wenn man sich nicht nach der Bibel richtet. Was blieb mir anderes zu tun? Ich habe die Bibel gelesen. Ich habe angefangen zu beten. Jetzt bin ich wirklich Christ. Ich weiß, ich gehöre Christus. Meiner Frau geht es auch so. Und da ist uns auf einmal bewusst geworden, wir müssten eigentlich unser Verhältnis vor Gott bereinigen. Wir haben Gott nie um seinen Segen gebeten für unseren Bund. Das möchten wir jetzt tun. Würden sie das für uns machen?«

»Ja«, hat der Direktor gesagt, »das können wir machen. Das können Sie aber in Curaçao auch erledigen!« »Nein«, hat da Pedro geantwortet, »in Curaçao nicht, da kennen uns doch alle und was sollen die dann denken?«

Die TWR-Leute setzten sich dafür ein, dass im Standesamt von Bonaire die Trauung vollzogen werden konnte. Am gleichen Tag wurde das Studio in eine kleine Kapelle verwandelt und das 33 Jahre miteinander lebende Paar – sie waren schon Großeltern – stellte sich bewusst unter den Segen Gottes.

Eine lange Reise

Für deutsch sprechende Menschen in Südamerika strahlten wir täglich Sendungen aus. Dadurch entstanden natürlich Kosten. Wir fragten uns wiederholt, ob die Ausgaben gerechtfertigt seien. Keiner wusste genau, wie viele deutsch sprechende Menschen tatsächlich in Südamerika leben. Der Vorstand des ERF beauftragte mich darum, dorthin zu reisen um festzustellen, ob sich die Sendungen lohnen oder ob man sie nicht besser einstellen solle oder ob – auch das wagte man zu denken – möglicherweise sogar ein Ausbau der Sendungen erforderlich sei.

So habe ich mich am 16. Juni 1968 auf die Reise nach Südamerika gemacht. Dabei gewann ich den Eindruck, dass unsere Programme wirklich bis »an die Enden der Erde« gehört werden. Fast ein Vierteljahr war ich unterwegs. Noch heute erinnere ich mich einiger unvergesslicher Begegnungen.

In Panambi (Brasilien) z. B. traf ich eine Hörerin, die unsere Sendungen schon seit vielen Jahren mit großer Treue verfolgte. Sie hatte viele Menschen aus ihrem Ort auf die Sendungen des Evangeliums-Rundfunks aufmerksam gemacht. Sobald sie von meiner Reise gehört hatte, bat sie mich, sie doch zu besuchen. Es kam zu einem sehr feinen Gespräch. Sie erzählte aus ihrem Leben und berichtete, was ihr unsere Sendungen bedeuten. Zum Schluss des Gespräches überreichte sie mir ein Geschenk, das aus dem Familienbesitz stammt. Es handelte sich um einen sehr großen Zureichlöffel, wie er früher in herrschaftlichen Häusern verwendet worden ist. Eingraviert war die Jahreszahl 1762. Ich erfuhr, dass dieser Löffel das Einzige war, was unserer Hörerin geblieben war, nachdem die Familie aus dem früheren Osten Deutschlands vertrieben wurde. Es war also nicht nur so, dass dieser Löffel einen Altertumswert besaß. Mit ihm verband unsere Hörerin viele Familienerinnerungen. Sie überreichte mir den Löffel mit innerer Bewegung und Tränen in den Augen: »Was tut's«, sagte sie, »dass mein Herz daran hängt! Er ist einmal über den Ozean hergewandert, jetzt nehmen Sie ihn wieder mit und versuchen Sie, ihn doch irgendwie zu Geld zu machen. Und dann nehmen Sie dieses Geld für Ihre Sendungen. Was nützt mir der Löffel? Ich brauche Gottes Wort. Sie helfen mir mit Ihrem Programm, dass ich es täglich höre. Herzlichen Dank! Ich wünschte, ich könnte Ihnen mehr geben. Aber was ich habe, das gebe ich Ihnen, und ich gebe es Ihnen gern.«

In Witmarsum, Provinz Parana (Brasilien), kam ein Ehepaar 160 km angereist, um beim Missionsabend dabei zu sein. In Porto Alegre fuhr ein Lehrer 800 km mit dem Bus, um am Missionsabend beteiligt zu sein (also 400 km hin und 400 km zurück). Er hatte den ganzen Tag in Porto Alegre gesucht, bis er den Versammlungssaal gefunden hatte, in dem wir waren.

Zu einer Versammlung in Hohenau (Paraguay) kam einer unserer Hörer 30 km zu Fuß durch den Urwald!

Nach einem Gottesdienst in Leandro N. Alem, Misiones (Argentinien), kam ein älterer Herr auf mich zu und erklärte, dass er in der Nacht eine Vision gehabt habe, in der er mich gesehen habe. Auf den etwas zweifelnden Ausdruck in meinem Gesicht antwortete er: »Ja, Sie haben sogar zu mir gesprochen. Ich habe aber sehr bald gemerkt, dass nicht Sie es sind, der mit mir redet, sondern dass Gott selbst durch Sie spricht.« Auf meine Frage, was Gott ihm denn gesagt habe, erklärte er: »Ich habe den Auftrag bekommen, Ihnen 20 000 Pesos zu überreichen. Ehrlich bekennen möchte ich«, erklärte der Mann, »dass ich erst mit Gott gehandelt habe. Ich erklärte ihm, dass ich ein alter Mann ohne Besitz sei, weil ich all mein Eigentum an die zwölf Kinder übergeben habe. Gott machte mir aber klar, dass ich dieses Geld doch noch habe für die Radiomission, von der ich so viel Segen empfangen habe.« Mit einem strahlenden Lächeln überreichte er mir seine 20 000 Pesos.

In Paraguay traf ich den württembergischen Pfarrer Friedrich Held und seine Frau. Beide beeindruckten mich sehr. Sie haben jahrelang im großen Segen in Paraguay Menschen geholfen, deren Groß- und Urgroßeltern aus Deutschland nach Südamerika gekommen waren, um hier ihr Glück zu machen. Viele Deutsche, die nach Nordamerika gingen, haben es tatsächlich zu etwas gebracht, aber wer sich für Südamerika entschied, kam oft – trotz härtester Arbeit – nicht richtig auf die Beine. Viele dieser Nachkommen sind verarmt und haben häufig vergessen oder verlernt, was ihre Mütter und Großmütter noch wussten. Darum begann jene Pfarrersfrau, den Frauen ganz einfache und selbstverständliche Dinge beizubringen, in der Küche z. B. und auf dem Hof. Sie zeigte, wie man kochen und backen oder wie man konservieren kann. Pfarrer Held war ein ganz origineller Bote des Evangeliums. Überall, wo der Gemeindegesang begleitet werden musste, tat er das mit seinem Schifferklavier.

Eines Tages geschah etwas Aufregendes: Pfarrer Held hört seine Frau schreien. Sie hatte im Hof zu tun. Er rennt hinaus und sieht dicht vor seiner Frau eine Schlange. Weil man in der Gegend nie ganz sicher ist vor allerlei Tieren, stand ständig eine Schrotflinte bereit. Pfarrer Held greift zur Waffe, zielt und tötet die Schlange. Ein Schrotkügelchen prallt von der Wand ab und trifft das Auge der Pfarrfrau. Pfarrer Held setzt seine Frau in ein Auto und rast los. Eine lange Fahrt auf schlechten Straßen. Als sie endlich im Krankenhaus ankommen, zeigt es sich, dass die Augenverletzung so stark ist, dass Hilfe nicht mehr möglich ist. Tapfer geht Frau Held später mit einem Auge ihren Weg.

Unermüdlich machte der Gemeindehirte auf die Sendungen des ERF aufmerksam. Es war beglückend und bewegend zugleich, überall wohin ich mit ihm kam, Menschen zu treffen, die sich als Hörer zu erkennen gaben. Einige Gottesdienste mit Pfarrer Held fernab jeder Zivilisation gehören für mich zu den bleibenden Eindrücken jener Reise.

In Paraguay machte ich eine erstaunliche Erfahrung. Irgendwelche Termine hatten sich zerschlagen und ich hatte auf einmal 24 Stunden ohne Verpflichtungen. Ein guter Bekannter meinte, ich sollte die Zeit zu einem Besuch in der Mennonitenkolonie Volendam nutzen.

Wir mieteten ein kleines Flugzeug, und los ging's. Mein Reisebegleiter Ricardo Huck (1920-1998) und ich flogen gemeinsam über den Urwald dem Ziel entgegen. Als das Flugzeug zur Landung ansetzte und ich aus dem Fenster schaute, fragte ich den Piloten: »Wo ist denn hier ein Flugplatz?« Er lachte nur und zeigte auf eine Wiese unter uns, auf der er dann auch tatsächlich landete.

Schnell waren wir ausgestiegen und standen mit unserem Gepäck auf der Wiese, während das Flugzeug startete. Der Pilot hatte uns noch gesagt, dass er uns am nächsten Morgen bei Sonnenaufgang abholen würde. Da standen wir beide nun – umgeben von Bäumen und Büschen. Kein Haus weit und breit. Während der Landung hatte uns der Pilot noch mitgeteilt, dass er mit den Tragflächen gewackelt habe, das sei ein Zeichen für die Bewohner der Siedlung, dass er jemanden mitbrächte. Sie würden dann in der Regel den Gast abholen. Wir warteten und warteten. Niemand holte uns ab.

Schließlich machten wir uns zu Fuß auf den Weg. Wir hofften, die richtige Richtung eingeschlagen zu haben. Nach einigen Minuten kamen wir an mehreren Kühen vorbei. Wo Kühe sind, werden sicher auch Menschen sein, dachte ich, Menschen, die zumindest zum Melken dieser Kühe kommen. Wir wollten aber nicht bis zur Melkzeit warten, sondern marschierten weiter, vorbei an riesigen Termitenhügeln. Schließlich sahen wir in der Ferne ein Haus. Es war eines der letzten (bzw. ersten) Häuser der Mennonitensiedlung Volendam. Die dort Wohnenden bauen sehr weit auseinander gezogen. Wir klopften. Eine Frau öffnete. Ich stellte mich in deutscher Sprache vor als Horst Marquardt vom Evangeliums-Rundfunk. Ich hatte kaum den Namen genannt, als sie sagte: »Ach, da habe ich Sie ja gerade gestern erst gehört. Wo kommen Sie denn her? Kommen Sie herein.« Was war das für ein herzlicher Empfang. Dabei stand doch ein völlig unbekannter Mann in einem ihm unbekannten Land einer ihm unbekannten Frau gegenüber. Aber alleine die Zauberformel »Evangeliums-Rundfunk« führte uns zusammen. Es wurde ein sehr ereignisreicher Abend in jenem Dorf. Die Bewohner wurden informiert, dass Gäste eingetroffen seien. Es wurde zu einer abendlichen Veranstaltung eingeladen, auf der ich über den ERF berichten konnte und natürlich die Gelegenheit wahrnahm, mir aus dem Leben und aus der geistlichen Erfahrung der Siedler berichten zu lassen. Ich war überrascht über die vielen Besucher. Es blieb mir rätselhaft, wo sie alle hergekommen waren.

Hatte man uns zwar nicht abgeholt, so brachte man uns immerhin am nächsten Morgen zum »Flugplatz«. Und tatsächlich kam auch das Flugzeug bei Sonnenaufgang. Wohlbehalten kehrten wir nach Asuncion zurück.

Mit Ricardo Huck, der damals für unsere Arbeit verantwortlich war und der einen guten Reiseplan erarbeitet hatte, bin ich durch deutschsprachige Gemeinden Argentiniens und Paraguays gereist, nachdem ich zuvor Begegnungen mit Hörern und Gemeinden in Brasilien und Uruguay hatte. Überall fanden wir dankbare und begeisterte Hörer. Viele von ihnen lebten in einfachsten Verhältnissen. Aber sie wollten ihrem Gott treu bleiben. Sie wussten, dass sie ohne Glauben noch ärmer dran sind.

Einige Freunde kamen kilometerweit gefahren, weil sie in den Ansagen unserer Sendungen gehört hatten, dass ich kommen würde. Dann ging es nach Chile. Dort war eine Frau sechs Stunden gereist, um mir zu danken und mitzuteilen: »Durch die Sendungen hat mein Mann zu Christus gefunden und das hat unsere Ehe gerettet. Wir sind jetzt die glücklichsten Menschen auf Erden.« Nach unserer Begegnung musste diese Frau ja auch wieder sechs Stunden auf Straßen zurückreisen, die zumeist nicht asphaltiert waren! Ich hatte den Eindruck, dass eher ich es war, der zu danken hatte.

In Chile hatte Manfred Bluthardt, der spätere Leiter der Deutschen Missionsgemeinschaft (DMG) die Reise sehr liebevoll vorbereitet. Damals war er als Missionar in Chile. Manfred Bluthardt war oft mit seinem Wagen unterwegs und hatte Lautsprecher angebracht, die es ihm ermöglichten, in die Ortschaften hinein die Sendungen zu tragen, so dass viele – auch solche die Radio Trans Mundial bis dahin noch nicht kannten – auf den Sender aufmerksam wurden.

Unterschiedlich groß waren die Versammlungen in den einzelnen Ländern. An einer Stelle besuchte ich einen Hauskreis mit etwa 15 Leuten. An anderen Orten gab es Allianz-Veranstaltungen mit 500 Besuchern. Insgesamt habe ich in den Wochen 12 500 Menschen erreicht und bin 19 000 km gereist. An einigen Plätzen kannten alle der Besucher unsere Sendungen. An anderen Orten waren es nur wenige, die ihre Hand hoben, wenn ich fragte, ob die Sendungen bekannt seien.

Insgesamt überraschte es mich damals schon, wie gut die Sendungen bekannt waren, obwohl wir ja keinerlei Werbemittel eingesetzt hatten, sondern lediglich auf die Empfehlungen der Gemeinden und der einzelnen Hörer angewiesen waren. Aber das klappte hervorragend!

Es fiel mir auf, dass auch viele Pfarrer und Gemeindeleiter den Sendungen mit großem Interesse folgten. Je weiter sie von Plätzen der Zivilisation entfernt wohnten, desto intensiver hörten sie die Programme.

Auf Ricardo Huck folgte kurze Zeit später Alberto Ziegler, der viele Jahre hindurch unsere Arbeit im »Cono Sur« (also der südlichen Spitze Südamerikas) leitete. Heute tragen u. a. in Brasilien Eduardo Dias, in Paraguay Ernst Weichselberger und in Chile Sigisfredo Alvarado die Verantwortung.

Gleich zu Beginn meiner Reise hatte ich Edmund Spieker kennen gelernt, der in einer diakonischen Arbeit stand. Er und seine Frau Marli erkannten die missionarische Dimension der Radioarbeit und sind darum kurze Zeit später in den Dienst von Radio Trans Mundial getreten. Sie haben wesentlich dazu beigetragen, dass die Arbeit in Brasilien aufgebaut wurde. Später haben sie Aufgaben im weltweiten Dienst von TWR übernommen. Marli startete Mitte der 90er-Jahre das Projekt »Hanna«, eine internationale Frauensendung, die besonders in asiatischen Ländern viele dankbare Hörerinnen findet.

Auf meiner Rückreise ging es über Lima (Peru), wo ich die Anfänge des dortigen Kinderhilfswerks kennen lernte. Letzte Station war Quito (Ecuador). Hier galt es Kontakt zu knüpfen mit Peter Hübert, dem Leiter der deutschen Abteilung von HCJB, und auch mit der Leitung dieses ersten christlichen Missionssenders. Schon damals hatte ich den Wunsch, dass wir stärker zusammenarbeiten müssten. Erstens um unsere Gemeinsamkeiten zu entdecken, zweitens um Überschneidungen zu vermeiden, drittens um zu lernen, einander besser zu ergänzen.

Das ist leider nicht immer geglückt. Es mussten allerdings noch fast drei Jahrzehnte vergehen, bis HCJB und TWR in Südamerika in einem gemeinsamen Satellitenprojekt »ALAS« näher zusammenrückten. Doch war selbst die Arbeit an einem solchen Projekt nicht immer spannungsfrei. Ursachen dafür waren die unterschiedlichen Strukturen beider Werke. HCJB ist als Verein mit einer Mitgliederversammlung organisiert, die ihre Leiter einschließlich des Präsidenten wählt. TWR hat auf internationaler Ebene regional geleitete Organisationen, die einem internationalen Vorstand gegenüber verantwortlich sind. Beide Radiomissionen haben unterschiedliche Schwerpunkte. HCJB z. B. hat eine hervorragende »Hardware« entwickelt – am bekanntesten der Sender aus dem Koffer, ein UKW-Sender, der in jedem Koffer Platz findet und daher leicht transportiert und aufgebaut werden kann. TWR, zwar ebenfalls an leistungsstarken Sendeanlagen interessiert, bemüht sich zugleich auch um »Software«, also um die Inhalte der Programme, erforscht die Zielgruppen, sucht die Zusammenarbeit mit örtlichen Gemeinden und überlässt die Hörer nicht einfach sich selbst. Besonders Ratsuchenden steht ein wachsendes Netz von Seelsorgehelfern zur Verfügung.

Nach meiner Reise entschlossen wir uns, die Arbeit für Südamerika fortzuführen und auszubauen. Der ERF mit seinen eher kleinen nationalen Büros wurde zur Keimzelle für die nationalen Partner von Radio Trans Mundial in Brasilien, Argentinien, Chile, Paraguay und Uruguay. Später entstanden Partnerorganisationen in Bolivien, in der Dominikanischen Republik und in Venezuela.

Langsam, aber stetig haben die nationalen Partner von RTM ihr Gesicht gewonnen. Mit der organisatorischen Selbstständigkeit wuchs auch die Bereitschaft, finanzielle Verantwortung zu übernehmen. Nicht zu übersehen ist inzwischen die Zahl der Briefe, die Hörer aus den verschiedenen Ländern an die nationalen RTM-Büros schicken. Manche Begegnung mit Hörern gibt es auf Glaubenskonferenzen oder Tagungen.

Bei einer lateinamerikanischen Evangelistenkonferenz trat ein Mann an den Ausstellungsstand von TWR und erzählte: »Ich habe vor einigen Jahren noch ein ganz wüstes Leben geführt. Ich stand ständig unter Drogen und verschaffte mir das dafür erforderliche Geld durch kriminelle Aktionen. Eines Morgens, als ich fix und fertig war, wusste ich wirklich nicht mehr, wie es weitergehen sollte. Ich schaltete das Radio an und hörte eine Ihrer Sendungen. Sie sprach mich sehr an und traf mein Innerstes. Ich erkannte, wie verfehlt und hoffnungslos mein Leben war. Ich habe dann zwei Monate hindurch die Sendungen gehört, so oft es mir möglich war. Durch die Sendungen von RTM sprach Gott zu mir. Ich kam zum Glauben. Sofort wurde mir bewusst, dass ich aus meiner Bande aussteigen musste. Ich habe das meinen Kameraden gesagt. Weil sie Angst hatten, ich würde sie verpfeifen, hat mir einer gedroht und mir gesagt, sie würden mich fertig machen fürs ganze Leben, wenn ich nicht bliebe. Ich aber sagte, ich wollte für Jesus da sein. Da zerschnitten sie mir mit Rasierklingen das Gesicht.« Der Angriff seiner früheren Kumpel hielt diesen Mann nicht ab. Narben verunstalten sein Gesicht. Später besuchte er eine Bibelschule. Danach wurde er als Pastor einer Gemeinde angestellt und in den evangelistischen Dienst berufen.

Die finanziellen Mittel des ERF, die erforderlich gewesen wären, um Südamerika tatkräftig zu helfen, reichten leider nicht.

Darum waren wir dankbar, dass die Württembergische Kirche einige Male Radiomissionsprojekte in Südamerika tatkräftig unterstützte. Oberkirchenrat Walter Arnold (1929 - 1994) und seine Helfer erwiesen sich als treue Begleiter und sachkundige Ratgeber.

Auch »Hilfe für Brüder« hat uns zur Seite gestanden. Der erfahrene Initiator dieses evangelikalen Hilfswerks, Pfarrer Winrich Scheffbuch, besuchte auf seinen Reisen manche unserer Arbeitsplätze und ermutigte die Mitarbeiter. Es macht froh und erleichtert den Dienst, wenn verschiedene christliche Organisationen oder Persönlichkeiten zusammenrücken, um Aufgaben gemeinsam anzupacken.

Eine große Kanzel

Die gute Zusammenarbeit zwischen Trans World Radio (TWR), der Muttergesellschaft und dem Evangeliums-Rundfunk (ERF) wurde im Laufe der Jahre immer intensiver. Miteinander freuten wir uns, was Gott durch die Radiomission bei uns im Land und in vielen anderen Ländern der Welt tat.

Einer unserer Freunde berichtete nach einer Ägyptenreise, dass er nachts im Zug etwas besorgt war, als plötzlich ägyptische Offiziere in sein Abteil traten. Es entspann sich ein reges Gespräch, bald auch über Glaubensfragen. Einer der Männer, ein Marineoffizier, gab zu erkennen, dass er Christ sei, zog ein kleines Neues Testament aus der Brusttasche und las nach, ob die biblischen Aussagen des deutschen Touristen stimmten. Mein Bekannter wiederholte mehrere Male: »The Bible says ...« (zu deutsch: »Die Bibel sagt ...«). Da erklärte jener Offizier: »So hört man es auch immer wieder über TWR. Wir sind am Rande des Roten Meeres stationiert. Vor Langeweile hören wir alles im Radio, was wir reinkriegen, und so stießen wir auch auf diesen Sender.«

»Die Bibel sagt ...« – das bedeutete nicht nur diesem Offizier etwas. Auch in Deutschland entdecken Menschen Bedeutung und Wert der Heiligen Schrift.

Ein junger Mann teilte mir mit: »Ich war der Meinung, es sei lediglich eine Bildungslücke, überhaupt nichts von der Bibel zu wissen. Bis ich nach dem Kauf eines Weltempfängers beim Hören Ihrer Sendungen erlebte, dass es Menschen gibt, die der biblischen Botschaft nicht nur glauben, sondern tatsächlich etwas damit anfangen können und damit leben. Das hat mich schließlich zur Entscheidung für Jesus Christus geführt.«

In den letzten Jahren ist die »Bildungslücke« noch größer geworden. Immer mehr Menschen wissen immer weniger mit dem Evangelium anzufangen. In einigen Teilen der Welt wird die Evangeliumsverkündigung gefürchtet. Menschen, die sich dort zu Jesus Christus bekennen, leben gefährlich.

Aus Algerien schrieb ein Hörer, der Jahre zuvor Leiter einer islamischen Bewegung im Norden Nigerias war: »Eines Tages fiel mir ein Buch in die Hand mit der Bezeichnung ›Heilige Bibel‹. Ich erhielt es durch Ihre Radioorganisation. Als ich dieses Buch öffnete, fand ich darin sehr viele interessante Sachen, die ich vorher nie gehört habe. Ich habe dann Christus Jesus als Herrn akzeptiert und lebe seither in Gemeinschaft mit ihm. Nachdem ich getauft worden war, wurde mir ein neuer Name gegeben. Seither hat die gesamte Gruppe jener islamischen Bewegung in Kano, zu der ich früher gehörte, begonnen, Christen zu töten. Nicht nur dort, sondern auch in anderen Gebieten Nigerias. Mein Haus wurde angezündet wegen meiner Botschaft und der Entscheidung, von der islamischen Bewegung wegzugehen und Christ zu werden. Viele Menschen, die sich zu Christus bekannten, wurden getötet. Ich wurde gesucht, weil die Weitergabe des Evangeliums Nichtchristen geärgert hat. Darum bin ich nach Niger emigriert. Dort habe ich wiederum die Christus-Botschaft verkündet. Menschen aus meiner früheren Heimat waren ausgesandt worden, um mich zu suchen und mich zu töten. Darum zog ich nach Algerien. Ich habe auch hier angefangen, den Menschen aus dem Worte Gottes von Jesus zu erzählen. Einige hören, andere widerstehen mir. Es ist traurig: Wenn ich mich umschaue auf einem Marktplatz, dann finde ich kaum einen, der versucht, Gott gegenüber treu zu leben. Ich bin krank am Herzen, weil die Menschen so ablehnend sind …«

Unvergesslich bleibt mir eine Begegnung in Kairo mit dem Jurastudenten Michel. Er war durch das Hören unserer Sendungen zum Glauben an Jesus Christus gekommen. Die Freude, die er nach der geistlichen Erfahrung spürte, wollte er mit anderen teilen. Er sprach mit seinen Kommilitonen über seinen Glauben. Einer verpetzte ihn bei einem der Professoren. Der hatte ein ernstes Gespräch mit Michel. Er riet ihm eindringlich, diesen »Unfug« zu lassen und sich unverzüglich von seinem christlichen Glauben wieder zu trennen und sich zurück zum »Glauben der Väter«, zum Islam, zu wenden. Doch Michel konnte nicht schweigen. Wo immer sich eine Gelegenheit bot, sprach er von Christus. Erneut wurde er vorgeladen. Diesmal von einem der leitenden Männer der Universität. Der machte ihm schwere Vorwürfe und verbot ihm, in Zukunft christliches Gedankengut zu verbreiten. Wenn er dieser Aufforderung nicht nachkomme, müsse man ihn von der Universität verweisen. Zeitungsreporter hatten inzwischen die »Story« gehört. Sie bestürmten die Familie. Besonderer Druck wurde auf die Mutter ausgeübt (wir erfuhren nicht, warum man sich nicht an den Vater wandte, vielleicht war der bereits verstorben). Die Mutter flehte Michel an, ihr und der Familie Kummer zu ersparen. Michel aber sah sich außer Stande, seinen Christusglauben wieder aufzugeben. Als wir an einem Sonntagabend in einer der christlichen Gemeinden Kairos am Gottesdienst teilnahmen, war Michel auch dabei. Plötzlich sprang er auf und verließ fluchtartig den Raum. Am nächsten Tag – geschützt durch das Mittagsgewühl der Kairoer Straßen – trafen wir Michel wieder in einem unserer Büros. »Ich muss untertauchen«, sagte er, »gestern abend war mein Bruder in der Versammlung. Vermutlich haben ihn Angehörige beauftragt, mich zu töten, damit die Schande wieder getilgt wird, die durch mein Christsein auf unserer Familie liegt.« Monatelang blieb Michel auf der Flucht, bis man ihn doch fasste und inhaftierte.

Schwierig sind oftmals die Entscheidungen, die wir als Radiomissionare treffen müssen. Es erreichte uns z. B. ein Brief von Radwan, einem jungen Algerier. Seit einiger Zeit korrespondierten wir mit ihm. Er hatte sich in seinem letzten Brief zu Jesus Christus bekannt und uns mitgeteilt, dass er als Christ leben wolle. Radwan war als Student noch abhängig von seiner Familie. Er musste erleben, was auch in anderen Fällen auf ähnliche Weise geschieht. Radwans älterer Bruder entdeckte nämlich das Interesse des jüngeren am christlichen Glauben. Er durchsuchte Radwans Zimmer und fand eine Bibel und christliche Schriften. Bis zu dem Augenblick hatte sich Radwans Glaube nicht bewähren müssen. Doch nun stellte sich für ihn die Frage, was zu tun sei. Sollte er sich seiner Familie offenbaren? Wenn ja, wie und wann?

Radwan schrieb uns seine Fragen und bat um Antwort. Was sollten wir ihm sagen? Wir saßen geborgen, nicht verfolgt, nicht bedrängt. Einerseits wussten wir, dass von Radwan und uns das Bekenntnis erwartet wird (Römer 10, 9 ff), andererseits sagte uns unser Verstand, dass Radwan unter Umständen einen hohen Preis für seinen Glauben würde zahlen müssen. Wir konnten ihm die Entscheidung nicht abnehmen. Wir konnten uns auch nicht um eine Antwort drücken. Wie konnten wir ihm helfen, zur richtigen Entscheidung zu kommen? Wir sagten uns, dass es vor allem darauf ankommen würde, daß Radwan sehen könnte, dass wir ihn nicht allein lassen. Zum zweiten blieb uns »nur« das Gebet: »Lieber Himmlischer Vater, gib uns eine gute Antwort. Hilf dem Radwan. Lass ihn erleben, dass du an seiner Seite bist. Das bitten wir in Jesu Namen.« Ein paar Tage später kam wieder ein Brief von ihm. Seine Familie hatte ihn aufgefordert, das Haus zu verlassen. Eine Woche lang lebte er bei einer befreundeten Familie. An dem Tag, als er den Brief schrieb, den wir als letzten erhalten haben, war ihm von seiner Familie mitgeteilt worden, dass er wieder nach Hause kommen könne, wenn er seinen Glauben für sich behalte und nicht mit anderen darüber reden würde.

Die Ideologie ist tot

»Kommunismus und Islam haben zweierlei gemeinsam«, sagte mir einer der leitenden Christen in Jordanien bei einer Begegnung. »Beide basieren auf einer Lüge, und beide können sich nur mit Gewalt behaupten.« Er lebte inmitten einer islamischen Umgebung. In jüngeren Jahren hatte er erlebt, dass viele seiner Altersgenossen voller Sympathien waren für den Kommunismus.

Aber die Ideologie, die einst über ein Sechstel der Welt herrschte, hat ihre Macht verloren. Wieviel Sorge und Angst hatte der kalte Krieg verbreitet. Wie viele Menschenleben hatte er gekostet!

Wir waren als Radiomissionare dankbar, dass wir während der Zeit der Ost-West-Auseinandersetzung Tausende von Menschen in der früheren Sowjetunion und im früheren Osteuropa über Kurzwelle erreichen konnten.

Seit 1954 hatte die »Stimme von Tanger«, seit 1960 Trans World Radio, Sendungen in die frühere Sowjetunion ausgestrahlt. Zehntausende von Menschen hörten die Programme hinter verschlossenen Türen und Fenstern. Es bleibt ein Geheimnis, wie in jenen Jahren trotz aller Erschwernisse beim Hören, trotz eines menschenverachtenden Spitzelsystems und trotz einer unberechenbaren Briefzensur Hunderte von Briefen in Monte Carlo oder bei amerikanischen Verwandten eintrafen, durch die wir erfuhren, wie hilfreich und trostreich die Sendungen waren.

Es geschah in einer russischen Großstadt. In einer nicht sehr besetzten Straßenbahn begannen zwei Frauen ein Gespräch, die sich bisher nicht kannten. Obwohl im Allgemeinen Fremden gegenüber misstrauisch, kamen die beiden doch sehr bald auf den Glauben zu sprechen. Es stellte sich heraus, dass beide »zufällig« beim Suchen eines guten Radioprogramms auf TWR gestoßen waren. Sie hörten diese Programme und fanden dadurch zum Glauben an Jesus Christus. Sie kannten keinen anderen Christen am Ort, aber nun, dort, wo sie es eigentlich nicht erwarteten, hatten sie jemanden gefunden, der auch glaubte. Noch vor dem Aussteigen beschlossen sie, sich öfter zu treffen. Das war nicht so einfach, sie wohnten nicht in derselben Gegend. Aber das hinderte sie nicht, ihren Plan in die Tat umzusetzen. Bald konnten die beiden ihre Nachbarn interessieren. Ein christlicher Hauskreis entstand.

Etwas anderes erlebte ein christlicher Bergarbeiter in Sibirien. Ein atheistischer Kollege lud ihn eines Tages zu sich nach Hause ein. Er habe für ihn eine Überraschung, hatte er gesagt. Er müsse aber zu einer bestimmten Tageszeit kommen. Der Christ war verunsichert, folgte jedoch der Einladung. Der Atheist führte seinen Gast in die Küche. Dort stand ein Radio, das auf TWR Monte Carlo eingestellt war. Der Atheist schaltete ein, und der christliche Kollege traute seinen Ohren kaum, als er aus dem Radio eine klare christliche Botschaft hörte. Er selbst besaß kein Radio. Er hatte die Anschaffung eines solchen »Teufelsdings« bis dahin strikt abgelehnt. Nun, nach dem Hören der Frohen Botschaft und ihm bekannter Evangeliumslieder bedankte er sich nicht nur bei seinem Kollegen, sondern kaufte selbst ein Radiogerät und hörte von da an die Sendungen von TWR. Klug geworden durch eigenes Erleben, lud er andere zum Hören der Sendungen ein. Später schlossen sich einige dieser Hörer seiner Gemeinde an.

Öfter haben mir auf meinen Reisen durch Gebiete der früheren Sowjetunion Gemeindeglieder und -leiter erzählt, wie viel sie, ihre Eltern und ihre Großeltern der Radiomission verdanken. In vielen Familien wurden die Sendungen gehört, während alle im Zimmer niederknieten. In dieser dort üblichen Gebetshaltung begegneten die Gläubigen Gott und seinem Wort in tiefer Ehrfurcht.

Der Marxismus-Leninismus hatte behauptet: 1. Wenn die Arbeiter die Regierung übernehmen, geht es allen im Volk besser. 2. Besitz macht die Menschen schlecht. Darum müssen die Besitzenden enteignet werden. Alles gehört dem Volk. 3. Es gibt keinen Gott.

Nachdem das Sowjetimperium zusammengebrochen war, meinten viele Menschen in Russland: 1. Die »Kapitalisten« sind noch immer schlecht, aber die »Arbeiter« haben es auch nicht geschafft. – Was nun? 2. Wenn allen alles gehört, gehört keinem etwas. 3. Es muss wohl doch einen Gott geben. Wie sollte man sich sonst die Sehnsucht so vieler nach Gott erklären!

Besonders wenn wir Nichtchristen begegneten, war unverkennbar, dass viele Menschen auf der Suche nach dem Sinn des Lebens sind. Eindrücklich habe ich das einmal erfahren in einer Klasse der technischen Fachschule in Winniza. Einer der Dozenten sagte: »Wir bilden aus. Die jungen Leute lernen. Aber wir wissen miteinander, dass es nach Beendigung des Studiums kaum einen Platz für sie geben wird. Doch Gott schaut einen Menschen nicht daraufhin an, ob er Arbeit hat oder nicht. Er will allen helfen.«

Es ging in den 90er-Jahren darum, die Radioarbeit für Osteuropa ganz neu zu strukturieren. Die Kurzwellensendungen verloren rasch an Attraktivität. Eine BBC-Studie aus den 80er-Jahren hatte bereits nachgewiesen, dass die Akzeptanz von KW-Sendungen nie so groß sei wie in politischen Krisenzeiten und dort, wo es keine Meinungsfreiheit bzw. Pressefreiheit gibt. Nachdem in der Gemeinschaft unabhängiger Staaten (GUS) nicht länger nur geschönte, sondern objektive Informationen unters Volk kamen, ließ das Interesse an ausländischen Sendern nach. Leider verlor so auch TWR manchen seiner Hörer, der beim Suchen eines ausländischen Senders auf unsere Station gestoßen war.

Im Land gab es an einzelnen Stellen nach dem Umbruch die Möglichkeit, über UKW-Sender christliche Programme auszustrahlen. Der ERF nutzte diese Möglichkeit in Russland, Weißrussland und in der Ukraine. In diesen Ländern entstanden im Laufe der Zeit staatlich anerkannte TWR-Körperschaften unter nationaler Leitung.

In der Ukraine begegnete ich einem Radiojournalisten, der eines Tages von seinem Chef den Auftrag bekam, in einer Sendung darzulegen, warum Ostern gefeiert wird. Bei seinen Recherchen stieß der Journalist natürlich auch auf die Bibel, begann zu lesen und wurde so erfasst, dass er zum Glauben kam. Er blieb bei diesem Sender. Er konnte Sendezeit bekommen für ein eigenes kleines christliches Programm, das er – neben seiner Mitarbeit für TWR – betreute.

Was die Männer und Frauen der russischen Abteilung von TWR in den Jahren während des Kalten Krieges getan haben, ist – was ich sehr bedauere – zumeist kaum bekannt geworden: Bedrohliche Ausweiskontrollen, gefährliche Grenzübergänge, heimliche Besuche von Hörern und Begegnungen mit leitenden Brüdern, die vom Geheimdienst überwacht wurden.

Dankbar sind wir für alles, was seit dem großen Umbruch passiert ist. Es wurden nicht nur die Sendungen betreut, die auch weiterhin von außen in die GUS getragen wurden, vielmehr ging es nun darum, neu entstandene Sendemöglichkeiten über UKW und Mittelwelle zu nutzen. Dabei waren sicher vertragliche Absprachen mit »Radio Eins«, einer Sendekette, die alle elf Zeitzonen erreichte, am bemerkenswertesten. Wir haben wiederholt Gespräche mit den Verantwortlichen geführt. Manchmal hatten wir den Eindruck, dass nicht nur die Dollars interessierten, mit denen wir Sendezeit kauften, sondern auch die Botschaft, die wir ausstrahlten. Leider haben die unsicheren politischen Verhältnisse gerade auch in der russischen Medienarbeit häufig dazu geführt, dass bei einem nächsten Besuch der Mann oder die Frau schon wieder ersetzt war, mit der man zuvor verhandelt hatte. Dass wir dennoch trotz manchem Personalwechsel jahrelang Sendemöglichkeiten behielten, ist sicher ein Wunder Gottes.

Gedankt werden muss aber auch den Menschen, die mit großer Hingabe die Programme betreut haben. Sie kennen die russischen Menschen. Sie haben ja selbst dort gelebt – Helena Wall und Susanna Tielmann, die nicht nur bei russischen Kindern, sondern auch bei vielen Eltern beliebte »Kindertante«. Sie lebte lange im eisigen Norden in dem berüchtigten Workuta. Auch die Männer, die für die russische Arbeit Verantwortung tragen, kennen die russischen Menschen, waren sie doch zum Teil Soldaten der Roten Armee. Ich denke an Johann Wiens, den Leiter der Arbeit von TWR/ERF für die GUS, und Willi Epp, Nick Siemens und an Bernhard Sudermann.

Eine Begebenheit zeigt, dass nicht nur unsere vom Ausland nach Russland gesendeten Radioprogramme Menschen bewegten, sondern auch solche, die im Land produziert und ausgestrahlt wurden. Es war kurz vor Weihnachten in einem Kurhaus im Raum Kursk. Die meisten Kurgäste waren nach Hause gefahren, um die

Feiertage im Kreis der Familie zu verbringen. Zurück blieben nur ganz wenige. Unter ihnen Olga, eine Frau mittleren Alters. Sie hatte ein schweres Leben hinter sich. Von Kindheit an wurde sie von einer Krankheit geplagt, in der Ehe klappte es auch nicht. Das Glück schien sie vollends verlassen zu haben. Als Olga eines Tages über ihr Leben nachdachte und ihr bewusst wurde, dass sie eigentlich nichts Gutes zu erwarten habe, fasste sie den Gedanken, ihrem Leben ein Ende zu machen. Es reifte ein Plan, wie das am schnellsten zu verwirklichen sei. Das Kurhaus hatte fünf Etagen. Olga sagte sich: Wenn ich ganz hoch steige und mich aus dem Fenster stürze, ist »die Sache« schnell und schmerzlos erledigt. Als sie die Treppen hinaufstieg, hörte sie plötzlich auf einem der Flure aus einem Lautsprecher ein Lied. Es lief gerade eine Sendung, die wöchentlich von den ERF-Mitarbeitern in Kursk hergestellt und über den regionalen Sender ausgestrahlt wurde. Es sang eine Gruppe, deren Lieder in unserem St. Petersburger Studio aufgenommen worden waren. Die klaren Stimmen, aber auch der Inhalt des Liedes stimmten Olga nachdenklich. Noch nie hatte sie so etwas gehört. Sie gab den Gedanken an Selbstmord auf. Da am Ende der Sendung die Adresse des Studios durchgegeben wurde, entschloss sie sich, einen Brief zu schreiben, um diese Leute näher kennen zu lernen. Es entstand ein Kontakt zwischen ihr und unseren Mitarbeitern in Kursk. Olga wurde zum Gottesdienst in die Kursker Baptistengemeinde eingeladen. Mit Freude nahm sie das Evangelium auf und bezeugte schon kurze Zeit später, was sie mit Gott erlebt hatte. Sie traf eine klare und bewusste Entscheidung für Jesus Christus. Bald darauf zog sie nach Kursk, ließ sich taufen und wurde Mitglied der dortigen Gemeinde. Später arbeitete Olga in unserem Studio mit und kümmerte sich um die Hörerpost.

Auf manche Sendungen haben wir lange Zeit kein Echo bekommen. So hat es fast zwei Jahrzehnte gedauert, bis wir zufrieden stellende Reaktionen auf unsere Sendungen in litauischer Sprache erhielten, die einmal von Kurt Klumbies begonnen und dann von Pastor Richard Lupp (1908-1995) weitergeführt wurden. Mancher mag fragen, warum wir dennoch in einer solchen Sprache weiter gesendet haben. Die Antwort ist einfach: Nach etwa drei, vier Jahren Sendetätigkeit wurde in einer litauischen Zeitung vor unseren Sendungen gewarnt. Damals haben wir uns gesagt: Wenn die Sendungen so bekannt sind, dass man sogar davor warnt, dann wollen wir getrost im Glauben weitermachen.

Gott hat unsere Sendungen auch gebraucht, um Menschen in Krisen- oder Kriegsgebieten zu helfen. Ich erinnere mich an Briefe, die in den Kellern Beiruts geschrieben wurden oder in einem Bürgerkriegsgebiet Afrikas oder in Afghanistan. Ein 17-jähriger Afghane meldete sich eines Tages. Das Schreiben kam aus Pakistan: »Ich habe Eure Programme gehört. Sie ziehen mich an wie ein Magnet. Eine Revolution hat in meinem Herzen stattgefunden. Ich habe Jesus als meinen Heiland gefunden. Als ich dies meiner Familie sagte, haben sie es missbilligt. Ich darf Eure Programme nicht mehr hören, die doch ein Licht in meinem Herzen angezündet haben. Sie sagten, wenn ich das Evangelium nochmals erwähne, werde ich zu Hause rausgeworfen. Ich will aber mehr über Jesus wissen. Ich will in meinem Glauben wachsen. Ich weiß aber nicht wie. Ich wünschte, ich könnte an einen Ort gehen, wo ich frei das praktizieren kann, was Jesus lehrt. Bitte unternehmt etwas, damit das Licht in meinem Herzen nicht ausgeht.«

Aus Bosnien erreichte eine unserer Mitarbeiterinnen in der Balkan-Redaktion folgender Brief:

> »Liebe Estera, fast jeden Abend höre ich Eure Sendungen (über Radio Tirana), in denen ich besonders Dich sowie noch einen Herrn gehört habe. Wenn einer von Euch beiden liest, wünsche ich mir, dass es kein Ende nimmt. Estera, ich kann Dir mit meinen Worten nicht beschreiben, was für ein Medikament Ihr zwei für so einsame Mütter wie mich seid. Ich lebe getrennt von meinen lieben Kindern und Enkelkindern. Das macht mich sehr unglücklich und traurig. Dieser verdammte Krieg hat mir all meine Freude und Fröhlichkeit genommen. Ich war einmal die glücklichste Mutter der Welt, und jetzt fühle ich mich so einsam und traurig ohne meine Kinder. Eigentlich sind wir uns alle sehr nahe und doch sehr weit getrennt. Manchmal

bekomme ich einen Brief von ihnen. Tage und Nächte sind lang. Ich weine nur und denke, ob ich es aushalten werde bis zum Wiedersehen. Manchmal tröste ich mich selbst, dass ich nicht alleine bin, dass es noch viele Mütter gibt, die nichts von ihren Kindern wissen und doch kämpfen und hoffen, dass sie sie eines Tages wiedersehen werden ...«

Hohe Kosten gerechtfertigt?

In einer Organisation tätig sein zu dürfen, in der das kraftvolle Wort Gottes in über 150 Sprachen ausgestrahlt wurde, hat ermutigt und herausgefordert.

Manchmal habe ich mich gefragt, wie lange es den Evangeliums-Rundfunk wohl geben wird. Immer mehr Menschen waren erforderlich, um die Arbeit zu tun, immer mehr Räumlichkeiten, immer mehr Maschinen. Die Kosten für die Sendezeiten stiegen von Jahr zu Jahr, und damit wuchs der jährliche Etat. Ich weiß noch, wie mir zumute war, als wir zum ersten Mal feststellten, dass wir im darauf folgenden Jahr mindestens eine Million Mark brauchen würden, um unseren Dienst tun zu können. Woher sollten die Gelder kommen? Fast 100 000 Mark an Spenden im Monat waren erforderlich. Dass so viele Spenden zusammenkommen würden, war doch schier unvorstellbar. Doch Gott schenkte durch viele Freunde diesen großen Betrag. Die Arbeit dehnte sich fast Monat um Monat aus, die Anforderungen stiegen weiter. Irgendwann brauchten wir fünf Millionen im Jahr, dann zehn Millionen, fünfzehn Millionen, zwanzig, schließlich ging es auf dreißig Millionen zu. Keiner konnte sich vorstellen, dass ein Missionswerk wie der ERF – ohne jede feste Einnahme – einmal so riesige Beträge erfordern würde.

Wir haben viel gebetet in jenen Anfangsjahren – und auch später. Nur zögernd hatten wir die Verantwortung für Hörer in weit entlegenen Gebieten mit übernommen. Erst als einer mit einem brennenden Herzen für die Ausländer ins Haus kam, öffneten wir uns noch vermehrt den Sendungen in anderen Sprachen. Hans-Dieter Quandt (1930-1985) übernahm unsere Fremdsprachenabteilung und nutzte die Möglichkeiten des Evangeliums-Rundfunks in hervorragender Weise.

Am 1. Mai 1966 nahm der Evangeliums-Rundfunk Sendungen über Mittelwelle auf. Das war ein großer Schritt nach vorn. Wie lange hatten wir uns das gewünscht. Wir hofften natürlich, dass es bald zu einer spürbaren Steigerung der Einnahmen käme, denn durch die Mittelwellensendungen waren die anfallenden monatlichen Kosten rapide in die Höhe geschnellt. Der erhoffte Spendeneingang blieb anfangs jedoch aus. Im Gegenteil, wir kamen immer tiefer in die roten Zahlen. Der Vorstand des ERF traf sich zu einer Krisensitzung. Heinz Stoßberg wurde gebeten, den Hörern die Situation zu erklären und sie um ihre Hilfe zu bitten. Bis dahin war in keiner Sendung des ERF darüber gesprochen worden, welche Ausgaben Monat für Monat erwachsen. Heinz Stoßberg gestaltete eine eindrucksvolle Sendung. Doch noch bevor sie ausgestrahlt werden konnte, setzte ein Spendenstrom ein wie nie zuvor. Noch während jener Sitzung des Vorstandes hatte eines der Mitglieder, ein Geschäftsmann, gesagt: »Brüder, wir können nichts von unserem Gott erwarten, wenn wir nicht bereit sind, auch selbst etwas zu tun. Ich habe in den letzten Jahren gespart, um mir einen Wunsch zu erfüllen, den ich seit meiner Kindheit gehabt habe. Ich wollte mir ein Motorboot kaufen. Das Geld, das ich dafür gespart habe, das will ich jetzt für diesen Zweck zur Verfügung stellen.«

Heinz Stoßberg hat einmal im Rückblick auf diese Sitzung und auf den unerwarteten Spendeneingang gesagt: »Gott regelt seine Sache ohne uns. Dass er uns doch gelegentlich etwas helfen lässt, ist Ausdruck seiner Freundlichkeit.«

Schritte ins Unbekannte

Das einerseits vertrauensvolle Warten, andererseits menschlich verständliche Bangen, ob wohl zum Monatsende bzw. Jahresende jedesmal die erforderlichen Summen zusammenkommen würden, blieb eine geistliche Aufgabe, die von Jahr zu Jahr schwerer wurde, weil die erforderlichen Summen immer größer wurden. Es war nicht pure Expansionslust, die uns veranlasste, eine Fremdsprache nach der anderen ins Programm zu nehmen. Wir wussten, wie groß der Hunger nach dem Worte Gottes war und ist. Und darum war höchster Einsatz berechtigt.

Es ging ja nicht nur darum, die eigene Arbeit zu ermöglichen. TWR expandierte weltweit und baute Sendeanlagen in Afrika, auf Sri Lanka (für Indien), auf Guam (für Japan, China und Indonesien). Später kamen Sender dazu, von denen wir uns nie hätten träumen lassen, dass sie einmal TWR-Sendungen ausstrahlen würden, auf Zypern (für den Mittelmeerraum und den Mittleren Osten), von Tirana (für den Balkan) und vor allem vom Gebiet der früheren Sowjetunion, lange Jahre hindurch eine »Radio-Großmacht«. Radio Moskau war überall in der Welt zu empfangen. Allein 300 Störsender standen entlang der gesamten Grenze. Sie sollten Hörern im Land den Empfang von »Feindsendern« verleiden. Das änderte sich mit dem Zusammenbruch der Sowjetunion. Viele Sender wurden nicht mehr genutzt und drohten zu verrotten. TWR trat an die zuständige Verwaltung in Moskau heran und erreichte, dass Sendezeit gekauft werden konnte – in Irkutsk und Taschkent (für Indien), in Grigoriopol (für Südosteuropa), in St. Petersburg (für die baltischen Staaten und Skandinavien) und bei einem Sender für Zentralasien.

Was war das für ein Tag, als ich in der Sendezentrale in Moskau von einem der leitenden Männer vor alle die Apparaturen und Schaltpulte geführt wurde. Lachend sagte er mir: »Vor ein paar Jahren wären Sie hier noch nicht reingekommen, da war das alles schwer bewacht.« Und jetzt wurden wir von den Verantwortlichen so freundlich begrüßt und sogar bewirtet.

Wir brauchten natürlich auch Studios in Russland, Weißrussland und in der Ukraine. Der ERF mit seinem Freundeskreis half, wo immer es nötig war. Es musste ja alles finanziert werden und überall brauchte man fähige Mitarbeiter. Dass das gelungen ist, schreibe ich einzig und allein der Güte Gottes zu. Insofern fühle ich mich als ein Bevorrechtigter, als einer, der Jahr für Jahr aufs Neue Gottes große Güte erfahren konnte, nicht nur im eigenen Leben, sondern auch in dem Dienst, der ihm und den Mitarbeitern anvertraut war.

Der ERF hatte im Laufe der Jahre Büros und Studios in der Schweiz, in Österreich, in Südtirol, in Kenia, in Südafrika, in Argentinien, Brasilien, Chile, Paraguay und Uruguay eröffnet. Nairobi, die kenianische Hauptstadt, wurde zum Ausgangspunkt für die Gründung von TWR-Organisationen in Burundi, Malawi, Mosambik, Simbabwe und Swasiland. Später, nachdem das Afrikabüro seinen Sitz in Kempton Park (Südafrika) hatte, weitete TWR seine Arbeit aus und ging auch nach Angola und in einige westafrikanische Staaten.

Afrika braucht Jesus

Fred Simmonds war mit einem Flugzeug im Auftrag seiner Missionsgesellschaft unterwegs. Er war in Johannesburg gestartet und wollte möglichst rasch sein Ziel erreichen, als er plötzlich in eine Wolkendecke hineinstieß. In diesem Augenblick versagte der Motor. Simmonds hatte die Maschine nicht mehr in der Gewalt und spürte, wie das verhältnismäßig kleine Flugzeug abzutrudeln begann. In diesem Augenblick wurde er sich dessen bewusst, dass er in wenigen Augenblicken vor dem Thron Gottes stehen würde. Einen Augenblick lang war er erschrocken und fragte sich, ob er wohl bereit sei, aus dieser Welt abzutreten. Dann aber wurde er ganz getrost und ruhig und legte in einem kurzen Gebet sein Schicksal in Gottes Hand. Da, als er schon dachte, die Maschine würde aufschlagen, spürte er, dass er die Gewalt über die Maschine zurückgewann. Der Motor arbeitete wieder, das Flugzeug kam aus den Wolken heraus und gehorchte ihm wieder. Er entschloss sich zum Rückflug nach Johannesburg, wo er wohlbehalten landete.

Dieser Mann, ein Missionar aus Kanada, arbeitete ein Vierteljahrhundert in Afrika in verschiedenen Organisationen. Immer stärker gewann er im Laufe der Jahre den Eindruck, für eine erfolgreiche Weitergabe des Evangeliums im südlichen Afrika sei ein Missionssender erforderlich. Mit einigen Freunden fing er an, für dieses Projekt zu beten. 17 Jahre dauerte es, bis Gott seine Gebete erhörte.

Im Jahre 1974 bekam Trans World Radio die Erlaubnis, im Königreich Swasiland eine Radiostation zu errichten. Mit alten, aber noch leistungsfähigen Sendern wurden das südliche und das östliche Afrika erreicht. Ein weiterer Sender wurde in Bophutatswana gebaut. Auf Grund von Schwierigkeiten, die nicht vorauszusehen gewesen waren, kam TWR leider nicht dazu, diesen Sender selbst zu nutzen. Der damalige südafrikanische Partner zog sich aus der Zusammenarbeit zurück und nutzte den Sender eine Zeit lang selbst, bis staatliche Stellen ihn für sich beanspruchten. Seit Ende 1994 ist eine weitere Ausstrahlungsmöglichkeit dazugekommen, die früheren Sendeanlagen des Auslandsdienstes des Südafrikanischen Rundfunks in Meierton. Während der Sender in Swasiland TWR gehört, wird bei der zweiten Station Sendezeit gekauft.

»Afrika braucht Jesus«, sagt und schreibt der Regionaldirektor von Afrika, Stephen Boakye-Yiadom, »und um diese Nachricht weiterzugeben, hat Gott TWR berufen.« Er hat Recht. Wie sollte der Riesenkontinent Afrika die rettende Botschaft von Jesus hören und an eine Lösung der unzähligen Probleme gehen ohne ein Netz von Radiostationen, die jeden Winkel erreichen!

Jedes Mal wenn ich nach Afrika fuhr, habe ich mich mit neuer Hoffnung auf den Weg gemacht. Doch jede Rückkehr ließ das Herz schwerer werden, weil die Probleme nicht geringer wurden. Ich denke an die vielen Krankheiten, vor allem an Aids, aber auch an die Leiden, die durch Hunger oder mangelnde Ernährung entstehen. Wo Bürgerkrieg und verbliebene Minenfelder nicht

Kummer bereiten, sind es häufig Naturkatastrophen. So hieß es nach der Riesenüberschwemmung in Mosambik zu Beginn des Jahres 2000, dass mehr Schaden angerichtet worden sei als durch 16 Jahre Bürgerkrieg. – Die Krisen häufen sich. Weite Teile Afrikas sind unregierbar geworden. – Tödlich ist die ausufernde Korruption. Ein geordnetes Regieren und Verwalten ist an vielen Orten nicht möglich. – Sehr problematisch sind die wachsende Kriminalität und die Kostensteigerung. Bitterste Armut bedroht Millionen von Menschen. Wenig zukunftsweisend ist die Kraftlosigkeit vieler Kirchen, die mehr ausrichten könnten, wenn sie die Botschaft, die sie weitertragen sollen, ernster nähmen.

»Können Sie nicht etwas gegen den sich ausbreitenden Islam tun?«, fragte mich der Ministerpräsident eines afrikanischen Landes. Ich antwortete ihm, dass wir zwar gegen die Sünde seien, sonst aber unseren Auftrag nicht darin sähen, gegen etwas zu sein; wir seien vielmehr für Christus und für das, was er den Menschen bringe. Ich weiß nicht, ob der Mann mit meiner Antwort zufrieden war, aber seine Frage lässt seine Sorgen erahnen.

Die Zeugnisse von Menschen, die durch TWR auf einen guten Weg gebracht wurden, sind kaum zu zählen. Da schreibt ein Medizinmann, dass er sein früheres Tun als »Hilfe für den Teufel« erkannt habe und darum nicht mehr als Medizinmann wirken wolle. Das Dorf aber sei nun gegen ihn und mache ihm Schwierigkeiten. »Ich habe auch keine Einnahmen mehr. Wovon soll ich künftig leben?«, fragt er. Eine von Aids infizierte Frau lässt sich zu einem Interview einladen. Sie spricht von ihrem schweren Weg und den Kindern, die bald verwaist sein werden. Ihr untreuer Ehemann hat sie angesteckt. Er ist inzwischen längst gestorben. »Ich weiß, dass ich auch sterben muss«, sagt sie, »aber ich weiß, dass mein Herr Jesus mir beistehen wird bis zur letzten Stunde. Ihre Sendungen helfen mir sehr.«

In Uganda bin ich durch Dörfer gereist, in denen nur noch die Großeltern und die Kinder lebten. Die mittlere Generation war weggestorben – im Bürgerkrieg oder durch Aids. Unsere Sendereihe »The Honey that kills« (Der Honig, der tötet) beschäftigt sich mit dieser Krankheit und findet darum größte Aufmerksamkeit.

In Burundi rufen unsere Sendungen zur Versöhnung. Der dortige TWR-Beauftragte ist ein unermüdlicher Mahner. Man ruft ihn als Festredner zu kirchlichen Veranstaltungen. Das von der Württembergischen Kirche, von »Hilfe für Brüder« und vom ERF finanzierte Gebäude in Bujumbura, das TWR und der Bibellesebund sich teilen, ist eine geistliche Zentrale fürs Land.

Die TWR-Sendungen werden in Süd- und Ostafrika seit vielen Jahren gehört, u. a. auch in Tansania. Im Nordwesten dieses Landes liegt Moshi. Dort hat die Lutherische Kirche ein Zentrum und auch ein Studio. Sendungen werden dort produziert, die über TWR-Swasiland und einen örtlichen UKW-Sender ausgestrahlt werden. In Zaire hörten zwei Männer diese Sendungen, die so erfüllt waren von der Jesus-Botschaft, dass sie sich zu Fuß auf den Weg machten, per Boot den Viktoriasee überquerten, dann zu Fuß weitermarschierten, bis sie in Moshi ankamen und das Lutherische Studio gefunden hatten. »Wir möchten«, sagten sie, »dass ihr zu uns kommt, dass ihr auch bei uns so predigt, wie ihr übers Radio predigt. Viele Menschen sind offen für diese Botschaft.« Als die Lutherische Kirche eines Tages jemanden in den Osten Zaires entsenden konnte, um diese Freunde zu besuchen, fand man bereits eine kleine Gemeinde. Es waren also nicht nur diese beiden Männer, die sich vom Wort Gottes hatten bewegen lassen, sondern auch noch andere.

In Simbabwe wandte sich voller Schmerz eine junge Witwe an uns. Sie erbat seelsorgerische Hilfe. Die Familie bestand auf einer Wiederheirat. Sie sollte sich mit einem der Brüder ihres verstorbenen Mannes verbinden. »Aber ich will ihn nicht«, schreibt die Frau, und spricht dann davon, was ihr die Sendungen bedeuten: »You are my pain killer!« (Ihr seid es, die meinen Schmerz töten).

Jahrzehntelange Bürgerkriege haben Mosambik und Angola an den Rand des Ruins geführt. Voller Sehnsucht hören Tausende von Menschen täglich Programme in Portugiesisch und in einigen der Nationalsprachen der beiden Länder, die einst unter portugiesischer Kolonialherrschaft standen. Als die beiden Länder unabhängig wurden, feierten die Völker. Dann wurden sie Opfer der Weltpolitik. Die entstanden Schäden werden – wenn überhaupt – erst in vielen Jahren behoben sein. Eine Frau in Angola fragte: »Wann hört denn die Unabhängigkeit wieder auf?« Zu den erregendsten Erfahrungen der Radiomission in dieser Region gehört eine merkwürdige Beobachtung. Manchmal erreicht uns am gleichen Tag Post von Soldaten, die in dem unsinnigen Krieg gegeneinander kämpfen mussten, der eine auf dieser Seite, der andere auf jener Seite der Front. Sie wünschten sich Frieden. Nicht nur ein Ruhen des Waffenlärms, sondern auch innere Ruhe nach all den mörderischen Erfahrungen des Krieges.

Afrikanische Länder und Städte zu besuchen, über die der Krieg hinwegzog, verschlägt einem die Sprache. Man fragt sich: Warum das alles? In Luanda z. B., der Hauptstadt Angolas, legt es sich einem fast aufs Gemüt, wie trostlos alles aussieht. Die Häuser von Kriegshandlungen beschädigt, seit Jahren nicht repariert. Oft funktionieren Wasser- und Abwasserleitungen nicht. Schmutzwasser wird einfach vor der Haustür ausgeschüttet. Häuser und Straßen werden nicht instand gesetzt. Strom gibt es nur für Stunden. Der Abfall wird an den Straßenrändern aufgeschichtet. Die Stadt versinkt im Schmutz. Zwischendrin Menschen mit ihren Kindern, aber auch Kinder allein – viele Kinder.

Internationale Hilfsorganisationen bemühen sich, die Not zu lindern. Kleidung und Lebensmittel werden verteilt. Doch die Mitarbeiter von TWR werden nicht weniger freundlich begrüßt als die Vertreter der Hilfswerke. Hier sieht man, wie recht Jesus hatte, als er sagte: »Der Mensch lebt nicht vom Brot allein.«

In der angolanischen Stammessprache Lunyaneka zum Beispiel wird nur ein Programm von 15 Minuten in der Woche ausgestrahlt. Und doch hat diese kurze Verkündigung der Frohen Botschaft eine von uns im sicheren Europa kaum zu ermessende Wirkung. Die Zuhörer gewinnen Zuversicht, trotz einer ungewissen Zukunft und Mut, gegen alle Widerwärtigkeiten anzukämpfen.

Ähnliches gilt für Nyaneka, eine andere Stammessprache. Auch sie ist nur einmal in der Woche 15 Minuten über unseren Sender zu hören. Eigentlich ist das gegen alle Erfahrungen in der Radiomission. Eine 15-minütige Sendung ist einfach zu wenig. Doch Gott kann auch einige wenige Minuten nutzen, wenn sie die einzige Möglichkeit bieten, sein Wort über Radio weiterzusagen.

Chikope, einer der ganz treuen Hörer, versuchte eines Nachts, Wild zu vertreiben, das vor seiner Hüttentür Nahrung suchte. Dazu nahm er die Batterien aus seinem Radio, tat sie in die Taschenlampe und ging auf Jagd. Unglücklicherweise öffnete sich die Lampe, eine der Batterien fiel heraus und war nicht mehr zu finden. TWR-Mitarbeiter finanzierten den Ersatz und ließen einen überglücklichen Chikope zurück.

Weil die Sendungen so wirksam sind, erbitten christliche Führer in Angola mehr Programme. Aber ohne die finanziellen Mittel für die Ausdehnung der Arbeit ist auch nicht eine Minute Sendezeit mehr möglich. TWR ist dankbar für jede Art der Kooperation mit anderen Organisationen. So hat sich zum Beispiel in Angola die Zusammenarbeit mit der Schweizer Allianz-Mission bewährt. Es arbeitet sich leichter, wenn Lasten gemeinsam getragen werden. Es ist oft herzbewegend, wie heiß Gottes Wort begehrt wird. Menschen, die im christlichen Kulturkreis leben, beschämt solcher Glaube.

Ich denke an eine Witwe im achten Stock eines Hochhauses. Dort gibt es natürlich keinen Lift. Sie haust in einer Miniwohnung mit vier Kindern. Der Ehemann verließ sie vor Jahren nach einem Streit. Diese Frau hörte übers Radio die Einladung Christi: »Kommet her zu mir, alle, die ihr mühselig und beladen seid. Ich werde euch Frieden geben.« Sie empfing diesen Frieden. Man schaut dieser Frau ins Gesicht und weiß, sie lebt aus verborgenen Kraftquellen und kann darum in dieser – menschlich gesprochen – aussichtslosen Lage überleben.

Beeindruckend ist auch die Begegnung mit einem Mann, der früher Brigadegeneral in der Armee Angolas war. Durch eine Sendung in Umbundu fand er zu Christus. Er hat eine Organisation für pensionierte und entlassene Soldaten gegründet, die in die Kasernen und Militärlager gehen, um ihren Kameraden von Christus zu erzählen. Der frühere Offizier hat nach einer Begegnung mit dem Präsidenten des Landes dessen Erlaubnis zu seinen Missionseinsätzen.

Bester Helfer des Generals außer Dienst wurde ein früherer hoher Funktionär der Kommunistischen Partei, der ebenfalls durch eine der Sendungen zu Christus fand. Er hatte erst heimlich gehört, dann aber, überwältigt von dem, was Christus ihn erfahren ließ, die Partei verlassen und schließlich in seinem Haus eine Gemeinde gegründet. Bald kamen so viele, dass die Menschen nur noch schwer unterzubringen waren.

Evangelistische Aktionen in Verbindung mit der Radiomission könnten eine besondere Arbeitsmethode für die Zukunft sein. Eines der Beispiele dafür ist eine Evangelisation, die in Lilongwe (Malawi) stattfand. Dort hatten sich »Africa Enterprise«, die wohl bekannteste afrikanische evangelistische Initiative, und TWR miteinander engagiert. Ein Drittel des Landes hörte auf diese Weise die Botschaft von Jesus. TWR übertrug Sendungen, die bei der Vorbereitung der Evangelisation mithalfen. TWR übertrug dann aus dem Stadion von Lilongwe die evangelistische Veranstaltung von »Africa Enterprise«, und nachdem die Tage der Evangelisation vorüber waren, half TWR bei der so genannten »Nacharbeit«.

»Afrika braucht Jesus!« Wohl kaum können mehr Menschen auf einen Schlag von Jesus hören als durch Radio. Für einige Gebiete, z. B. in Angola und Mosambik, sendet TWR in nationalen Sprachen, die nicht einmal in den Programmen der nationalen Sender Berücksichtigung finden. Solche Sendungen finden natürlich die besondere Aufmerksamkeit des Zielpublikums.

»Vishwa Vani«

Auf den Philippinen wurde vor Jahren ein Programm entwickelt: »Church planting by radio« (Gemeinden gründen durch Radiosendungen). Mit beachtlichem Erfolg. Inzwischen wirkt sich dieses Programm nicht nur dort aus, sondern auch im Norden Mosambiks, in Zaire und vor allem in Indien. Dieser Subkontinent wird durch Sender auf Sri Lanka, in Taschkent (Usbekistan) und vom russischen Irkutsk erreicht. Der Partner von TWR in Indien ist »Vishwa Vani« (zu deutsch etwa: »Botschaft für die Welt«).

Aus Kerala schrieb ein Guru: »Ich bin verantwortlich für Hunderte von Familien. Ich bin ernstlich bemüht, alle diejenigen, die mir anvertraut sind, auf den Weg der Wahrheit zu führen. Vor einigen Wochen hörte ich Ihre Sendung in der Malayalam-Sprache. Ich hörte sie über das Radio meines Nachbarn. Was Sie sagten, war sehr überzeugend ... Nachdem ich Ihre Vorträge gehört habe, sagt mir mein Gewissen, dass das Christentum vielleicht doch der richtige Weg sein könnte, um das Ziel zu erreichen. Bitte helfen Sie mir weiter zur Klärung, damit die Hunderte von Menschen, die mir folgen, auch ans Ziel kommen ... Ich möchte keinen, der mir vertraut, fehlleiten. Ich frage mich allerdings, warum so viele Menschen im Westen den christlichen Glauben ablegen.«

Die Frage, die der Guru stellt, bewegt ja auch hier bei uns viele. Ich habe, als ich den Brief dieses Menschen las, denken müssen: So ist es nun – ein Guru findet zu Christus. Und hier, in einem Land, in dem die christliche Botschaft bekannt sein sollte, gehen Menschen zu den Gurus. Verkehrte Welt!

Nicht mehr anerkannt und einfach abgeschrieben sind die Götter in Obanahalli im indischen Bundesstaat Karnataka. Früher verneigten sich Menschen vor diesen Göttern, beteten sie an und brachten Früchte und Blumen. Davon ist jetzt nichts mehr zu sehen. Dabei war das ein Platz, an dem wirklich viel passierte. Die Menschen, die zum Tempel kamen, vertrauten dem Priester, der in Trance seinen Kopf hin und her bewegte, die Hände flatternd auf und nieder gleiten ließ und für viele Tempelbesucher Vorhersagen über die Zukunft machte. Nun fragen sich viele: Warum werden die Götter nicht mehr angebetet?

Eines Tages waren die Hilfesuchenden vergeblich zum Tempel gekommen. Der Priester war selber erkrankt und wand sich in Schmerzen. Diesmal war er nicht in Trance. Er verkündete auch keine Geheimnisse, sondern es schien ihn ein Geheimnis zu umgeben. Er war offensichtlich schwer erkrankt. »Wo sind die Götter?«, so wurde gefragt.

Wie gelähmt standen die Menschen vor dem einst Verehrten, der nun hilflos auf dem Rücken lag. Zu der körperlichen Hilflosigkeit des Priesters kam noch etwas, was ihn nahezu tötete. Sein ältester Sohn Gangadha hatte den Göttern abgesagt und war ein Nachfolger Jesu Christi geworden. Der Priester hatte niemanden, der ihn ersetzen konnte. Er hatte auch kein Geheimnis in diesem Augenblick, kein Mantra. Er fühlte sich gehandikapt und hoffnungslos.

Gangadha, der an einem College studierte, war durch eine christliche Radiosendung zum Glauben gekommen. Vishwa Vani hatte sich um ihn gekümmert, ihn in die Bibel eingeführt und seelsorglich betreut. Er war ein fröhlicher Jünger Jesu geworden.

Gangadha hatte, bald nachdem er selbst zum Glauben gekommen war, angefangen, dafür zu beten, dass sich sein Vater auch zu Christus wenden möchte. Nun, als der sterbende Vater noch immer heidnische Anordnungen flüsterte, kaum noch atmete und so gern gesehen hätte, dass man den Göttern opferte, versuchte Gangadha seinen Vater auf Jesus hinzuweisen.

Diese Situation war dramatisch, weil weder im Guten noch im Bösen irgend etwas geschah. Keine Götter zeigten sich. Da, seinen Tod vor Augen, kapitulierte der Priester, dem das Herz gebrochen war, und mit sterbender Stimme wandte er sich Jesus Christus zu. Der Sohn brachte den sterbenskranken Vater auf einem Handwagen zu einem Evangelisten, der in der Nähe tätig war. Der legte dem Priester die Hände auf und betete inständig um eine Heilung.

Gott erhörte dieses Gebet und schenkte eine Wiedergeburt im doppelten Sinn des Wortes. Der Priester fand zu Jesus und betete ihn an als seinen Heiland. Und Gott nahm ihm die Krankheit ab. Gesund kehrte er nach Hause zurück. Dort warf er alle Götzenbilder ins Feuer und begann, die Geschichte von seiner Bekehrung weiterzuerzählen.

Nur kurze Zeit später fanden auch der Rest der Familie und einige Verwandte zu Christus. Der Vishwa-Vani-Evangelist führte den alten Mann und dessen Familie Schritt für Schritt in den christlichen Glauben ein.

Jeden Freitag fastet und betet Gangadha. Seine ganze Freizeit verbringt er damit, in der Nachbarschaft und in den umliegenden

Orten das Evangelium zu verkünden. Die Hinwendung des Priesters hat die Menschen dieser Gegend aufhorchen lassen und bereit gemacht, sich ebenfalls dem Evangelium zu öffnen.

1978 hatte TWR mich gebeten, zusammen mit Dave Adams, einem der internationalen TWR-Mitarbeiter, Seminare in Indien zu veranstalten. Mitarbeiter sollten geschult und mit Erfahrungen in anderen Ländern vertraut gemacht werden. Damals hatte noch Pooran Chand die Leitung, ein Mann, der Jahre hindurch Programmdirektor für die »Stimme des Evangeliums« in Addis Abeba (Äthiopien) war.

Ob Neu Delhi oder Kalkutta oder Hyderabad – was man auf den Straßen sieht, ist alles noch viel grausamer, als man es von Erzählungen, Bildern und Filmberichten her weiß, ein unbeschreiblicher Schmutz, dazwischen ein Gewimmel von Menschen aller Altersstufen: würdige Väter und kleine Kinder, überraschend wenige Frauen, verwohnte Häuser – man kann sich gar nicht vorstellen, dass in diesen Gebäuden Menschen leben. Überall Smog in der Luft von kleineren oder größeren Kohlenfeuern, an vielen Stellen auf offener Straße entfacht. Hier und da steigt auch Rauch aus irgendeinem Geschäft auf, zum Beispiel von einem Bäcker, der seinen Ofen heizt. Als wir dort waren, feierte man gerade »Diwali« (das Lichtfest) zu Ehren der Göttin Lakschmi. Viel Volk war auf den Straßen. Jubel und Trubel herrschten. Böllerschüsse wurden losgelassen – ein richtiges Volksfest.

Beim Essen wollte es nicht recht gelingen, Zeigefinger, Mittelfinger und Ringfinger zusammenzupressen und als Löffel zu nutzen. Die indischen Freunde sahen meine Verlegenheit und reichten mir beim Essen in einem Gemeindesaal den einzigen Löffel, den sie hatten.

Indien erfuhr seither einen rasanten Aufschwung. Indische Computer-Fachleute gehören weltweit zu den besten. Die TWR-Arbeit in Indien hat, seit sie begann, ebenfalls eine fast unbeschreibliche Ausdehnung erfahren. Anfänglich koordinierten amerikanische Missionare die Arbeit. Dann gewann man Pooran Chand. Nach ihm bemühten sich noch andere um den Aufbau, bis schließlich Emil Jebasingh die Leitung übernahm. Er organisierte die Arbeit in hervorragender Weise. In einem Handbuch, das er für seine Mitarbeiter herausgibt, heißt es u. a.: »Wir dienen freiwillig und nicht gezwungen. Wir brauchen Zusammengehörigkeit, Ordnung, äußerste Disziplin und Tapferkeit mit unerschütterlichem Glauben. Unser Befehlshaber, Verteidiger und Erlöser ist Jesus Christus. Deshalb ermahne ich jeden von euch, keinen Dank von irgendeinem Winkel der Erde zu erwarten für den Dienst, den ihr für Gott tut.«

Über 700 Mitarbeiter hat diese Organisation inzwischen, darunter Redakteure und Produzenten von Sendungen, reisende Seelsorger und Evangelisten. Jeder Hörer, der schreibt, wird betreut. Das ist eine riesige Arbeit bei über 75 000 Zuschriften in jedem Monat (Stand: 2000). Unmittelbare Frucht dieser Bemühungen ist, dass jede Woche eine neue christliche Gemeinde gegründet wird. Bei den Besuchen der vielen Hörer, die schreiben (in einem Land, in dem noch immer die Analphabeten überwiegen!), entdecken die Mitarbeiter von Vishwa Vani, dass viele der zum Glauben gekommenen Hörer ohne Gemeindeanschluss sind. In Gebieten, wo es bereits Kirchen bzw. Gemeinden gibt, werden Kontakte vermittelt. In Gegenden, wo bisher keine Missionsgesellschaft oder Kirche tätig ist, gründet Vishwa Vani selbst Gemeinden, die in der India Believers Fellowship zusammenarbeiten.

Oft habe ich mich gefragt, warum in Ländern wie in Deutschland, der Schweiz oder Österreich das Wort Gottes so selten auf fruchtbaren Boden fällt, während offensichtlich die Ernte in Indien fast unübersehbar geworden ist. Es bleibt bei der Erkenntnis des alten Matthias Claudius: »Wir pflügen und wir streuen … doch Wachstum und Gedeihen steht in des Höchsten Hand.« Diesen Höchsten zu erleben ist mit nichts anderem zu vergleichen.

GOTT IN DEN MEDIEN

Neuland

Nicht einfach gestaltete sich der Einstieg in die so genannten »Neuen Medien«, die oft gar keine neuen waren. Neu war jedoch die Privatisierung von Radio und Fernsehen und die damit gegebenen Möglichkeiten.

Wir wollten mit dabeisein, wenn die »Neuen Medien« arbeiten würden. Wo würde unser Platz sein? Hätte unser Eintreten für eine Veränderung der Medienlandschaft nicht unter Umständen auch negative Folgen, indem wir uns ungewollt zu Bundesgenossen solcher Kräfte machten, die nur das große Geschäft in der Erweiterung der Medienlandschaft witterten?

Wir machten uns kundig, haben viele Besuche gemacht, Kontakte aufgenommen. Ich war u. a. bei den Ministerpräsidenten einiger Bundesländer, in Württemberg bei Lothar Späth, in Rheinland-Pfalz bei Bernhard Vogel oder in Niedersachsen bei Ernst Albrecht. So interessant solche Besuche sind, sehr viel gebracht haben sie wohl nicht. Sie öffneten uns höchstens (und das war auch nicht zu verachten) die Türen zu den Staatskanzleien oder Medienbeauftragten. Wir aber hätten gerne eine Lizenz gehabt. Darum ging es doch. Die Gesetzeslage aber machte bald deutlich, dass weder unser Programm den Anforderungen eines so genannten Gesamtprogramms entsprach, noch unsere Finanzlage einen großen Schritt in die Privatisierung gestattete.

Im Gespräch mit den Kirchen gelang es eigentlich nur in Württemberg durch das Verständnis von Oberkirchenrat Walter Arnold, zu Absprachen zu kommen. Es wurde uns dort in Aussicht gestellt, die von den Privatsendern zur Verfügung gestellten Zeiten mit nutzen zu können. Das führte dann später zur Gründung einer eigenen Redaktion in Württemberg, die der begabte und einfallsreiche Klaus Annel in die Hand nahm.

Einzig in Berlin zeigte sich ein Lichtblick. Nachdem die Privatfunk-Pioniere Ulrich Schamoni und Georg Gafron einen Besuch in Wetzlar gemacht hatten, kam es mit »Hundert, 6«, diesem außerordentlich erfolgreichen Privatsender in Berlin, zu Absprachen. Andreas Odrich, der ERF-Beauftragte in Berlin, verstand es, sich der »Farbe« des Senders anzupassen mit der sonntäglichen Sendung »Meet me in Church on Sunday« und den täglichen »Gedanken zum Feierabend«. Später kam noch eine dritte Sendung dazu: »Die Chefsache«.

Intensives Bemühen des ERF führte dazu, dass in einigen Bundesländern private UKW-Sender gelegentlich Beiträge des ERF übernahmen. Das gelang vor allem auch in Sachsen durch die Initiative des rührigen Wilfried Gotter. In der Schweiz entstand eine besondere Redaktion, die allen UKW-Sendern Programme anbot, wovon einige Radiostationen besonders zu kirchlichen Festzeiten regen Gebrauch machten.

Der erste Privatsender, den der ERF-Österreich nutzte, stand auf italienischem Boden. Er strahlte seine Programme nach Kärnten hinein. Pionierarbeit als Redakteurin leistete zu jener Zeit Ingrid Heinzelmaier.

Abenteuerlich war der Beginn der Fernseh- und Radiosendungen über Satellit. Wir wussten nicht, wie verlässlich die Organisationen waren, über die wir unsere Arbeit in England abzuwickeln hatten. Es gab viele sorgenvolle Nächte und lange Gespräche mit den Vertragspartnern. Wir hatten viel erlebt mit Gott in den zurückliegenden Jahren, doch jetzt fragten wir uns: »Lieber Himmlischer Vater, sind wir noch auf dem Weg, den du uns führen willst, oder haben wir uns eigenmächtig auf etwas eingelassen?« Durch Gebet und beim Abwägen der uns bekannten Fakten wurden wir ruhiger und unseres Weges gewisser.

Es war aufregend und bewegend zugleich, als wir zum ersten Mal über »Super Channel« eine ERF-Produktion auf dem Fernsehschirm sahen. Zu wissen, Hunderte von Interessierten sehen zur gleichen Zeit im In- und Ausland, war eine große Stunde in unserer ERF-Geschichte.

Beim Hörfunk begannen wir über Satellit zu senden, als der

Sendeplatz im Fernsehen für unsere christlichen Programme bereits wieder verloren gegangen war. Die Besitzer hatten ihren Kanal verkauft. Der neue Betreiber war an einer Verlängerung des Vertrages nicht interessiert.

Günstiger gestaltete sich die Zusammenarbeit mit dem britischen Lizenzträger eines Kanals, als wir Hörfunksendungen über den Satellit »Astra« aufnahmen. Am 1. Dezember 1994, nach Verhandlungen des TWR-Europadirektors Werner Krömer und durch den tatkräftigen Einsatz des neuen ERF-Direktors Jürgen Werth und seiner Mitarbeiter begann der ERF zwei 24-Stunden-Programme, ERF 1 und ERF 2.

Der Aufbau der Fernseh- und Videoarbeit gestaltete sich schwierig. Wir mussten uns nicht nur den Platz in der Medienlandschaft schwer erkämpfen. Es waren nicht nur zusätzliche Gelder aufzubringen, es musste nicht nur mit einem ganz kleinen Team gearbeitet werden, das aber, gottlob, sehr hoch motiviert war – vor allem waren erst einmal die Gläubigen im Land darüber zu informieren, dass wir nicht »das Fernsehen« unterstützen wollten. Viele unserer Freunde meinten nämlich, das Fernsehen sei eine so rundum verdorbene Sache, dass der Evangeliums-Rundfunk sich von diesem Medium fern halten sollte.

Viel Überzeugungsarbeit war und ist nötig, um zu verdeutlichen, dass wir nicht Fernsehen um des Fernsehens willen machen, sondern dass wir einfach nicht mit ansehen können, dass das Fernsehen nur von denen genutzt wird, die die Macht oder das große Geld haben.

Weltweite Prognosen zeigen, dass die Radioarbeit in den kommenden Jahren, vor allem in den ländlichen Gebieten und Kleinstädten weiterhin Akzeptanz haben wird. In den Großstädten wird man Radio hören in den Werkstätten, Friseurgeschäften, in Restaurants, beim Autofahren. Ansonsten werden die großen Kommunikationsmittel das Fernsehen und das Internet sein. Das gilt nicht nur für Europa und Nordamerika, sondern auch für Asien, Lateinamerika und zum Teil sogar für Afrika. Wer also in die Ballungszentren der Welt hinein will, muss sich des Fernsehens und des Internets bedienen. Angesichts von Berechnungen, die davon ausgehen, dass in den nächsten Jahrzehnten die Zahl der Riesenstädte weltweit wachsen wird, ist es erforderlich, präsent zu sein und vor diesen Medien nicht zurückzuschrecken. Wir müssen lernen, sie intelligent und zielstrebig zu nutzen, um Gottes Wort auch auf diesem Wege weiterzugeben.

Gott hatte uns – kaum dass wir christliche Fernsehsendungen begonnen hatten – wunderbare Ermutigungen geschenkt. Menschen haben uns nach den Sendungen angerufen und uns berichtet, wie überrascht sie waren, dass es solche Programme gibt. Andere bekannten, dass sie Denkanstöße durch die Sendungen bekommen haben. Manche sind auch innerlich so geführt worden, dass sie bereit wurden, Jesus Christus zu vertrauen. Uns ermutigten solche Reaktionen und gaben uns die Gewissheit, auf dem richtigen Weg zu sein.

Einmal schrieb uns ein Swissair-Flugkapitän aus Athen, dass er dort in einem Hotel übernachtete, um die nächste Schicht abzuwarten. Wie erfreut war er beim Suchen eines geeigneten Fernsehprogramms, auf »Super Channel« unsere Sendung zu finden. Wie fühlte er sich mit hineingenommen in die Gemeinschaft der Glaubenden. Seiten wären zu füllen, wollte man alle Zuschriften zitieren, die uns aufgrund unserer Fernsehsendungen erreichten.

Maßgeblich beteiligt am Aufbau der Fernseharbeit war Wolf-Dieter Kretschmer, anfangs auch Kurt Sprenger. Kurt Scherer ist intensiv der Frage nachgegangen, was geschehen müsste, damit sich noch mehr Christen an dieser Arbeit beteiligen.

Wenn ich zurückdenke, was ich beim Aufbau von Hörfunk und Fernsehen des ERF erlebte, kann ich nur dafür danken, dass Gott in den Jahrzehnten seit 1960 aus kleinsten Anfängen eine stattliche Arbeit erwachsen ließ. Mit einer Handvoll Menschen hatten wir begonnen. Als ich 1993 die Leitung des ERF abgab, waren 170 Mitarbeiter in Wetzlar tätig, 25 in der Schweiz, 7 in Österreich, 5 in Italien, 30 in Nairobi und etwa ein Dutzend an verschiedenen Plätzen in Afrika und in Lateinamerika.

Der ERF hat auch Mitarbeiter in die internationale Arbeit von TWR entsandt. Diese beiden Organisationen – einem Ziel verpflichtet, aber doch in der Struktur und Organisation grundverschieden – sind im Laufe der Jahre zusammengewachsen. Auch das ist sicher ein Geschenk Gottes.

Obwohl das Verhältnis zu TWR immer ein sehr enges war, gab es doch viele unterschiedliche Auffassungen zu überbrücken. TWR sah seine Aufgabe über Jahrzehnte hinweg darin, Sendezeit an überwiegend nordamerikanische Interessenten (»cooperating broadcasters« genannt) zu verkaufen. Darunter waren (und sind) namhafte Organisationen wie »Through the Bible«, eine Organisation, deren Programme seit Mitte der 90er-Jahre neben 40 Fremdsprachen auch in Deutsch zu hören sind, »Back to the Bible«, »Word of Hope« u. a. m. Der ERF sah seinen Auftrag vor allem darin, selbst Programme zu produzieren. TWR finanzierte sich durch Sendekosten, die von den Veranstaltern bezahlt wurden, die bei TWR Sendezeit mieteten. Diese Organisationen werden von Spendern unterstützt. TWR selbst hatte daher nur einen verhältnismäßig kleinen Spenderkreis. Der ERF war auf viele Menschen angewiesen, die ihn unterstützten (und unterstützen). TWR arbeitete mit verhältnismäßig wenigen, aber national und international bekannten Verkündigern, während der ERF als »Stimme der Gemeinde Jesu« mit so vielen wie möglich dafür begabten Radiopredigern Kontakt suchte. TWR beantwortete Hörerpost mit wenigen Mitarbeitern. Viele Briefe wurden zur Erledigung an die Cooperating Broadcasters weitergegeben. Der ERF baute dagegen in einer beispielhaften Weise seine Seelsorgeabteilung auf. TWR arbeitete überwiegend mit Medien und Missionswerken zusammen. Der ERF suchte Kontakt zur Basis, das heißt zu seinen Hörerinnen und Hörern, aber auch zu den Leitungen nahe stehender evangelikaler Kirchen, Bünde, Gemeinden und Missionswerke. TWR war bemüht, an strategisch wichtigen Plätzen so viele Sender wie möglich zu errichten (s. Übersicht am Ende des Buches). Der ERF verzichtete fast vier Jahrzehnte hindurch auf eigene Sender. Genutzt wurden allerdings TWR-Anlagen dort, wo größere deutschsprachige Volksgruppen lebten, neben Zentraleuropa also zum Beispiel in Südafrika und Südamerika. TWR hatte Jahrzehnte hindurch einen Vorstand, zu dem nur Nordamerikaner und ein Kanadier gehörten. Der ERF baute seine Arbeit international auf. Vereine und Vorstände verantworteten die Arbeit in Deutschland, in der Schweiz, in Österreich, in Südafrika und Südamerika. Zwar gehörte Hermann Schulte in den ersten Jahren der gemeinsamen Arbeit zum Vorstand von TWR. Weil er Nicht-Amerikaner war, musste er jedoch bald wieder den TWR-Vorstand verlassen. Anfang der 90er-Jahre wurde ich als erster internationaler Vertreter in den Vorstand von TWR berufen. Als ich nach meiner Pensionierung als Direktor des ERF noch einige Jahre als internationaler Direktor von TWR tätig war, gab ich meinen Sitz im Vorstand auf. Nach mir wurden Jürgen Werth und Martin Fischer zusammen mit dem Finnen Per-Olof Malk in den TWR-Vorstand berufen.

Überall hat Gott seine Leute

Noch in den letzten Lebensjahren des Gründers von TWR, Paul Freed, wurde die Internationalisierung der Arbeit energisch angepackt und vorangetrieben. Meine Aufgabe war es u. a., die Regionen »Europa« mit Teilen der früheren Sowjetunion (jetzt Gemeinschaft unabhängiger Staaten – GUS), Zentralasien und »Mittlerer Osten« mit Nordafrika sowie »Afrika« in die Selbstständigkeit zu führen. Ich bin Gott dankbar, dass er die ersten Regionaldirektoren – für Europa: Werner Krömer; für Afrika: Stephen Boakye-Yiadom – befähigte, die Arbeit tatkräftig und zielstrebig fortzuführen und auszubauen. Weitere Regionen für TWR sind Südasien (Indien und Himalaya-Staaten), die Pazifik-Region Asiens (China, Japan und die Inselketten Philippinen, Indonesien und das frühere Indochina) sowie Lateinamerika. Seit 1999 bildet Lateinamerika mit Nordamerika eine Region. Dezentralisierung war angesagt nach Jahren einer sehr zentral gelenkten Arbeit.

Werner Krömer, ein Diplom-Ingenieur, gab, als er Europa-Direktor von TWR wurde, seine Führungsaufgabe in einem angesehenen internationalen Unternehmen der freien Wirtschaft auf und stellte seine Gaben in den Dienst der vergleichsweise kleinen

Radiomission. Er kam im richtigen Augenblick. Die Regionalisierung, die Nutzung neuer Techniken, der Aufbau eines Sendezentrums in Bratislava, Verhandlungen mit osteuropäischen, vor allem russischen Behörden, aber auch mit der Leitung von Monte Carlo Radiodiffusion – das alles waren Aufgaben, für die er ausgezeichnete Voraussetzungen mitbrachte.

Stephen Boakye-Yiadom, der Regionaldirektor für Afrika, war als junger Mensch von Ghana nach Deutschland gekommen. Er wollte in seinem Beruf als Bankkaufmann weiterkommen. Seine Deutschkenntnisse waren gering. Er folgte einem mütterlichen Rat, sonntags zum Gottesdienst zu gehen. Stephens Eltern waren Methodisten, darum suchte auch er eine methodistische Gemeinde auf. Er fand sie in Düsseldorf. Nach einiger Zeit lud ihn Herta Wojahn (1901-2000), ein Gemeindeglied, nach dem Gottesdienst zum Mittagessen ein. Er blieb bis zum Abend. Gern nahm er die Einladung an, auch die Abendsendung des Evangeliums-Rundfunks zu hören. In dieser Sendung mit dem Titel »Zeugen Jesu Christi in aller Welt« hörte Stephen Gottes Stimme. Er erklärte der Gastgeberin, dass er nicht mehr Bankkaufmann und auch nicht Autoingenieur werden wolle, sondern Missionar. »Warum sollen Deutsche etwas für Afrika tun, wenn ich – ein Afrikaner – weggegangen bin?«, fragte er sich. Herta Wojahn, damals Mitte 60, kümmerte sich in rührender Weise um den jungen Afrikaner. Sie wurde für ihn eine »Vize-Mutti« (wie er sie nennt). Kurze Zeit später meldeten sich Stephen und Herta Wojahn, begleitet von Heinz Stoßberg, den beide kannten, bei mir.

»Ich möchte in Afrika für die Radiomission arbeiten«, sagte Stephen. Ich musste ihm bedauernd antworten, dass TWR dort (zu jener Zeit) kein Arbeitsfeld habe. »Und außerdem«, fügte ich hinzu, »braucht jemand, der Radiomission richtig betreiben will, eine theologische und journalistische Ausbildung«. Vier Jahre später stand Stephen wieder in meinem Büro. »Jetzt habe ich eine theologische Ausbildung und nun möchte ich nach Afrika!« Bedauernd musste ich ihm sagen, dass ich nach wie vor von keinen Plänen für ein TWR-Projekt in Afrika wüsste. Etwa 14 Tage später rief Bill Mial im Auftrag von Dr. Freed an und teilte mir mit: »Du, wir werden einen Sender in Swasiland errichten, um Sendungen in afrikanische Länder hineinzustrahlen. Kennst Du nicht jemanden, der uns dabei helfen könnte?« – Wir sprachen in diesem Zusammenhang »vom göttlichen Fahrplan«, davon, dass Gott wirklich Maßarbeit leistet. Es blieb noch Zeit, um Stephen einige Monate beim ERF mit dem Radioalltag vertraut zu machen. Dann wurde er nach Nairobi ausgesandt, um dort mit dem Aufbau einer TWR-Arbeit in Afrika zu beginnen. Nairobi war zu jener Zeit eines der Zentren für Arbeiten, die ganz Afrika zugute kommen sollten. In einer Feierstunde habe ich ihn kurze Zeit nach seiner recht einsamen Ausreise in Nairobi feierlich in sein Amt eingeführt.

Missionar oder Journalist?

Als der ERF seinen Dienst begann, kannte ich keinen christusgläubigen Radiojournalisten, der beim Aufbau hätte mithelfen können oder wollen. Darum war ich dankbar für missionarisch gesinnte Helferinnen und Helfer, die willens waren, von der Pike an das journalistische Handwerk zu lernen. Im Laufe der Zeit sorgte Gott dafür, dass Nachwuchskräfte heranwuchsen. Es eröffneten sich an Hoch- und Fachschulen neue Ausbildungswege. Der ERF bekam nun fähige Journalisten, die darauf bedacht waren, die missionarische Perspektive der Arbeit im Auge zu behalten. Das ist gut, denn der ERF wird auch künftig journalistisch befähigte Missionare brauchen bzw. Journalisten, die mit missionarischem Eifer ihren Dienst tun.

Die evangelikale Welt braucht solche Journalisten/Missionare nicht nur beim ERF, sondern auch in der christlichen Presse, bei Verlagen, beim Nutzen des Internet. Großartig wäre es natürlich, wenn mehr Menschen, die bewusst Christen sind, viel mehr in der säkularen Medienarbeit mitdenken, mitgestalten und mitverantworten würden.

Ich danke Gott für die kleine Mitarbeiterschar, die ich vorfand, als ich in Wetzlar anfing. Ich danke ihm von Herzen für den ersten

Helfer, den er mir zur Produktion von Sendungen an die Seite stellte. Und noch heute danke ich ihm für jeden, der weiter dazukam. Doch viele Jahre sollte es noch dauern, bis man mit Wetzlar, dieser Stadt in Hessen, den Begriff »evangelikale Publizistik« verband.

Ich freue mich über die vielen evangelikalen Publizisten, die es inzwischen im Lande gibt. Sie zeigen, dass die Gemeinde Jesu für die Weitergabe der Frohen Botschaft gezielt Medien einsetzen kann und soll, damit Menschen, die schon Christen sind, in ihrem Glauben gestärkt werden und damit – durch andere Inhalte – Menschen, die ohne Glauben leben, auf den lebendigen Gott aufmerksam werden.

Sind Pietisten von gestern?

In der Medienwelt und auch in der kirchlichen Öffentlichkeit war der Gedanke eines Evangeliums-Rundfunks anfänglich belächelt worden.

Selten einmal wurde über die Arbeit berichtet. Obwohl im »Kirchenvolk« bekannt, blieb der Evangeliums-Rundfunk bei kirchenleitenden Persönlichkeiten ein »Exot«.

Als ich meinen Dienst in Wetzlar begann, sprach man von Menschen mit unserer Glaubenserfahrung als »Biblizisten«, später griff man auf den bekannteren Begriff »Pietisten« zurück. In der Regel mit der ausgesprochenen oder unausgesprochenen Bemerkung: »Sie sind schon recht, aber nicht mehr ganz zeitgemäß. Sie sind lieb, aber etwas zurückgeblieben.«

Dass man uns in der säkularen Öffentlichkeit nicht beachtete, war zu verstehen. Dass aber auch die kirchliche Öffentlichkeit über eine missionarische Arbeit schwieg, die sich immer weiter ausdehnte, war eigentlich ärgerlich. Aber warum ärgern? Der ERF war ja nicht die einzige Institution, über die man in kirchlichen und säkularen Medien nichts las. Die Pietisten und ihre Themen kamen insgesamt nicht vor. Wer sprach schon von Evangelisation oder Mission, von Bekehrung oder Bekenntnis?

Ich habe mich damals bemüht, in Begegnungen mit dem Altmeister der kirchlichen Publizistik, Robert Geisendorfer (1910-1976), diesen Zustand zu ändern. Ich fand bei ihm größtes Interesse. Wir hatten manche Begegnung. Er berief mich in den »Rundfunk- und Fernsehausschuss«, in dem die Evangelische Kirche ihre publizistischen Fragen zu klären und zu koordinieren versuchte. Auf Robert Geisendorfers Intervention ging es auch zurück, dass ich auf meine Eignung als Sprecher für das »Wort zum Sonntag« geprüft wurde. Man fand mich für geeignet, und einige Jahre hindurch habe ich dann in größeren Abständen das »Wort zum Sonntag« in der ARD gesprochen. Nach mancher Sendung haben bis zu zwanzig Personen angerufen und fünfzig bis achtzig geschrieben. Wenige kannten mich vom ERF. Ich war dankbar für diese zusätzlichen Dienstmöglichkeiten.

Aber in der kirchlichen Medienlandschaft passierte nach wie vor nichts, was die Arbeit der bibelgläubigen Gemeinden unterstützt hätte – keine Information – keine Berichte – keine Interviews. Ich habe mit dem damaligen Chefredakteur des Evangelischen Pressedienstes, epd, verhandelt, der mir sehr deutlich zu verstehen gab, dass es für die Themen, die uns am Herzen liegen, keinen Platz und auch keinen Bedarf in der kirchlichen Publizistik gebe. Es war die Zeit der »68er«, als auch Theologiestudenten anfingen zu revoltieren und zu demonstrieren. Ich war zum epd mit einem Bericht vom Ahldener Jugendtag gekommen, wo sich unter der inspirierenden Leitung von Heinrich Kemner Zehntausende von jungen Menschen trafen, um auf das Evangelium zu hören, und um miteinander zu beten und zu singen. Beim epd meinte man: »Acht Theologiestudenten in Celle, die ihren Bischof mit Tomaten beschmeißen – das gibt eine Meldung. Aber was soll man schon über zehntausend junge Leute sagen, die an einem unbedeutenden Ort beten?«

Diese Erfahrung war für mich der Anlass, zu versuchen, ob es nicht auch uns Pietisten möglich wäre, Nachrichten in die Öffentlichkeit zu transportieren. Ich wollte das eigentlich mit einer Nachrichtenabteilung des Evangeliums-Rundfunks tun. Sehr bald merkte ich aber, dass die Inhalte der Nachrichten andere Akzente setzten als unsere Sendungen. Sinn und Ziel der Arbeit des Evangeliums-Rundfunks sollte es ja nicht sein, zu den mancherlei Konflikten (auch innerhalb der Kirchen) zusätzliche Problemfelder bekannt zu machen. Ich erkannte damals, dass wir Pietisten, bekannt als die »Stillen im Land«, auch mal den Mund aufmachen müssten. Es sollte gesprochen werden über den Glauben an Christus, über Wesen und Aufgaben der Gemeinde Jesu, über Evangelisation und Mission, über das Unrecht in der Welt, über die Verblendung der Ideologien und über politische Verführung. Zweimal war ich auf Ideologien »hereingefallen«. So verwunderte nicht, dass ich mit meinen Freunden vor allem auch gegenüber dem Marxismus in allen Schattierungen kritisch eingestellt war. Es sollten aber auch Fehlentwicklungen in der westlichen Gesellschaft – einschließlich der Kirchen – aufgezeigt werden. Das alles war durch eine Nachrichtenredaktion des ERF nicht zu leisten. Der ERF erreichte offensichtlich die »Basis der Gemeinde«, während ein Nachrichtendienst sich eher an leitende Männer und Frauen und Multiplikatoren richten sollte.

Darum entschloss ich mich nach kurzer Zeit, mit einigen Freunden aus der Evangelischen Allianz einen eigenen Nachrichtendienst zu gründen. Besonders Ernst Schrupp, der Leiter des Missionshauses Bibelschule Wiedenest, und Paul Deitenbeck, Pfarrer in Lüdenscheid, ermutigten mich zu diesem Schritt. Zu meiner großen Freude fand ich weitere Unterstützung bei Wilhelm Gilbert DD, dem damaligen Leiter der Deutschen Evangelischen Allianz, Wilfried Mann, dem Verwaltungsdirektor des Evangeliums-Rundfunks, Lienhard Pflaum, dem Leiter der Liebenzeller Mission und dem Journalisten Gerd Rumler. Wir gründeten den Informationsdienst der Evangelischen Allianz, idea e.V. Dieser Verein wurde ein eigener Rechtsträger.

In späteren Jahren berichtete »idea« nicht nur über Denken und Wirken der Evangelischen Allianz, sondern auch über Entwicklungen und Trends in der gesamten evangelischen Welt, unter besonderer Berücksichtigung der »Evangelikalen«. »idea« wusste (und weiß) sich beauftragt, »Nachrichten und Meinungen aus der evangelischen Welt« weiterzugeben. In den Jahren der Gründung ahnten wir noch nicht, welchen Zerreißproben »idea« in den kommenden Jahren oft ausgesetzt sein würde. Jeder sah es gern, wenn positiv über ihn berichtet wurde. Auf Unverständnis stieß dagegen, dass auch Kritiker zu Wort kamen und dass kontroverse Themen nicht verschwiegen wurden.

Die Mitgliederversammlung des »idea«-Vereins wählte einen Vorstand, dessen Vorsitzender ich wurde. Die neu erwachsenen Aufgaben konnten bald nicht mehr nebenbei erledigt werden. Der junge Theologe Burghard Affeld half engagiert und der baptistische Pastor Wolfgang Müller, damals Wermelskirchen, erklärte sich bereit, im Wechsel mit Gerd Rumler die Redaktion zu übernehmen. Später folgte Rolf Hille, der gerade vom Saarländischen Rundfunk kam. Seine Nachfolgerin wurde Ingrid Kastelan, die vom epd zu »idea« übergewechselt war. Als sie später in der evangelikalen Publizistik andere Aufgaben übernahm, trat Helmut Matthies an ihre Stelle. Ich war auf den seinerzeit noch jungen und wenig bekannten Theologen aufmerksam geworden, weil er – als einer von wenigen – den Mut hatte, überzeugend auf Missstände in Kirche und Gesellschaft aufmerksam zu machen. Doch nicht nur das. Aus einer engagierten Glaubenshaltung heraus stärkte er das Lager der »bibelgläubigen Gemeinde« und half entscheidend mit, den »Evangelikalen« zu einer Identität zu verhelfen, was nicht von allen Piestisten verstanden oder gar begrüßt wurde. Zu unterschiedlich waren und sind manche Standpunkte auch unter den Evangelikalen.

Unser erklärtes Ziel war es, von den großen Taten Gottes zu reden, wobei uns von Anfang an klar war, dass »idea« eine gewisse »Schlagseite« bekommen würde, da eine Vielzahl von Informationen nicht veröffentlicht zu werden brauchte, die säkulare Nachrichtendienste und epd bereits publizierten. Wichtige Nachrichten aus der evangelikalen Welt jedoch und pietistische Standpunkte und Ansichten – sie sollten in unmissverständlicher Klarheit veröffentlicht werden, vor allem, wenn die »offizielle« protestantische Publizistik sie nicht des Veröffentlichens für wert hielt.

Dass Helmut Matthies sich bereit erklärte, die Redaktionsleitung zu übernehmen, empfand ich als besonderes Gottesgeschenk. Mit großem Geschick, mit viel Fantasie und mit nicht zu brechendem Glaubensmut hat er »idea« – vor allem »idea-Spektrum« – sein Gesicht gegeben.

Die so genannte Basisausgabe (für Kirchenleitungen, Presse und Multiplikatoren) gestaltete mit Glaubenszuversicht und großer Zuverlässigkeit Wolfgang Polzer. Ein hochmotiviertes Team ermöglichte – trotz aller Hektik einer Nachrichtenagentur und einer schmalen Personaldecke – das Erscheinen von »idea«, Woche für Woche.

In den ersten Jahren von »idea« rümpfte die kirchliche Öffentlichkeit die Nase über die Pietisten, später über die Evangelikalen. Da half es zwar, dass sogar der Duden »evangelikal« als »die unbedingte Autorität des Evangeliums vertretend« erklärte. Manchem behagte der »Kurs« allerdings nicht. Die Entschlossenheit, auch Unrecht und Gewalt von links nicht zu übersehen, von e i n e m Land zu sprechen (als eine »Wende« noch nicht in Sicht war) und den Marxismus als Feind des Christentums zu bezeichnen – das passte und passt vielen nicht ins Weltbild.

Auch uns theologisch Verbundene hielten mit der Kritik nicht zurück. Viele Nicht-Evangelikale, aber auch Evangelikale, die nicht evangelikal genannt sein wollten, hatten ganz bestimmte Vorstellungen von dem, was ein Evangelikaler darf und was er nicht darf. Helmut Matthies als leitender Redakteur und ich als Vorsitzender hatten darum auch manchmal einen schweren Stand. Selbst Kritiker von »idea« achteten allerdings darauf, dass sie in der Berichterstattung genügend berücksichtigt wurden. In bewundernswerter Weise hat der »idea«-Vorstand Lasten mitgetragen. Jahrelang standen uns zur Seite: Prof. Dr. Erika Kimmich, die als Germanistin stets das »Gefühl für Sprache« wachhielt und Winrich Scheffbuch, Pfarrer in Stuttgart, dem die entscheidende Anregung zu verdanken war, aus den hektografierten »idea«-Ausgaben ein gedrucktes Magazin zu machen. Ich denke an Herbert Müller, den ehemaligen Geschäftsführer des Missionswerkes Neues Leben, mit seiner ansteckenden Fröhlichkeit, der wertvolle Hilfen für den Geschäftsablauf gab; an Johannes Holmer, Pfarrer aus Mecklenburg, der uns viele Male verstehen half, wie Menschen zwischen Rostock und dem Erzgebirge bestimmte Dinge sehen und beurteilen; an Eckhard Schaefer, einen der früheren Bundesdirektoren des Bundes Evangelisch-Freikirchlicher Gemeinden mit seinem theologischen Durchblick, aber auch mit manchem geschäftlichen Rat, und an Klaus Dieter Trayser, den Gründer und Direktor von Plansecur, der als Schatzmeister der Geschäftsführung des Hauses mit wegweisendem Rat und tatkräftiger Hilfe zur Seite stand. Wesentliche Denkanstöße gaben Dr. Rolf Hille, Rektor des Bengelhauses und Vertreter der Weltweiten Evangelischen Allianz, und Hartmut Steeb, Generalsekretär der Deutschen Evangelischen Allianz, sowie Kurt Spiess, Präsident der Evangelischen Allianz in der Schweiz.

Dass »idea« die auflagenstärkste Publikation dieser Art im Protestantismus geworden ist, erfüllt uns mit Dank. Dass die Abonnementsgebühren dennoch nicht reichen, um die Arbeit voll zu finanzieren, machte und macht uns immer wieder neue Sorge. Doch Freunde haben Jahr für Jahr mit ihren Spenden das drohende Defizit aufgefangen. Die EKD gab dankenswerter Weise Jahre hindurch einen finanzellen Beitrag. Die Synode der Württembergischen Kirche, die anfangs ebenfalls einen jährlichen Zuschuss gab, stellte Ende der 90er-Jahre ihre Unterstützung leider ein.

Gemeinsame Aktionen

AEM

Bücher und Artikel in vielen Zeitschriften beschäftigten sich nach dem Zweiten Weltkrieg mit einem »neuen Missionsverständnis«. Die Auseinandersetzungen spitzten sich Mitte der 60er-Jahre zu.

Die evangelikalen Missionen hatten die Integration des internationalen Missionsrates in den Ökumenischen Rat der Kirchen (1961 in Neu Delhi) nicht mitvollziehen können. Darum schlossen sich seinerzeit fast dreißig evangelikale Missionen unseres Landes zusammen. (Bis Ende 1999 waren es 37 ordentliche und 24 außerordentliche Mitglieder. Fast zwei Drittel der Missionare, die auf dem Missionsfeld tätig sind, werden von den evangelikalen Missionen entsandt.)

Lange meinten wir im ERF, die Meinungsverschiedenheiten seien für unsere Arbeit unbedeutend. Doch rascher, als wir dachten, sahen wir uns als Radiomission mit hinein genommen. Mission, das war ja auch unser Auftrag, nicht nur im eigenen Land, sondern ständig wachsend auch im Ausland. Bis dahin war der Deutsche Evangelische Missionstag die Plattform für Begegnungen der Kirche und Missionsgesellschaften. Am 14. und 15. Februar 1969 trafen sich die evangelikalen Missionen Westdeutschlands erstmals zu einer Tagung. Diese »Konferenz Evangelikaler Missionen« (KEM) hatte das Ziel, eine Begegnung der »Partner am Evangelium« zu ermöglichen. Man wollte sich kennen und verstehen lernen. Eine solche Konferenz schien auch deshalb an der Zeit, weil »wir, die wir aus einer gemeinsamen geistlichen Tradition herkommen und deren Trägergemeinden weitgehend identisch sind mit den pietistisch-erweckten Kreisen in den evangelischen Landeskirchen, der Gemeinschaftsbewegung und den Freikirchen, auch unseren gemeinsamen Auftrag erkennen ...« (aus einem Protokoll der ersten Tagung).

Später nahm die KEM den Namen Arbeitsgemeinschaft Evangelikaler Missionen (AEM) an. Gern erinnere ich mich der Sitzungen, die unter der inspirierenden Leitung von Ernst Schrupp zur Gründung der AEM führten. Wesentliche Anregungen gab Professor Peter Beyerhaus, der mit der von ihm verfassten »Frankfurter Erklärung zur Grundlagenkrise der Mission« (1970) nicht nur Missstände aufdeckte, sondern auch Wegweisung gab für die Zukunft.

kep

Aus dem Wunsch, »mehr Evangelium in den Medien« zu sehen, haben sich 1975 evangelikale Publizisten zur »Konferenz Evangelikaler Publizisten« (kep) zusammengeschlossen.

Zum Aufbau dieser Initiative ließen sich unter anderem gewinnen: der Verleger Friedrich Hänssler, der Kaufmann Waldemar Murjahn und die Pfarrerin Bärbel Wilde. Zwei große Medienkongresse in Böblingen (1982 und 1985) zeigten, was Evangelikale erreichen können, wenn sie sich auf gemeinsame Ziele einigen. »Mehr Evangelium in den Medien« bleibt nach wie vor eine Forderung, die wir im Namen aller bewussten Christen im Lande stellen. Dankbar sind wir für die Lichtblicke einiger Filme, Fernsehproduktionen und Pressebeiträge. Entsprechende Initiativen ehrt die kep mit dem »Goldenen Kompass«.

Ende der 90er-Jahre entwickelte sich die kep zu einem »Christlichen Medienverbund«. Neben einer kritischen Begleitung der Medien im eigenen Land hatten sich beachtliche Aktivitäten in der früheren Sowjetunion und in Israel entwickelt. In Russland wurde durch die Initiative von Waldemar Murjahn ein Büro in Moskau eröffnet. Von dort gingen Anzeigen mit christlichem Inhalt und Artikel zum Thema »Glaube und Wissenschaft aus christlicher Sicht« an Zeitungen, die in Millionenauflage erscheinen. In Israel wurde Johannes Gerloff zum Aufbau eines Informations- und Pressezentrums gewonnen. Seine Berichte über Ereignisse in Israel und in den palästinensischen Gebieten – im Internet veröffentlicht – stießen auf großes Interesse. »Pro«, die vierteljährlich erscheinende Zeitschrift der kep, entwickelte sich zu einer sehr geschätzten Hilfe für den Umgang mit den Medien, sowohl für den Einzelnen als auch für Gemeinden.

Wolfgang Baake, den ich auf einem Spaziergang durch die Berliner Rehberge als Leiter gewinnen konnte, steuert mit Umsicht und Hingabe die kep als deren Geschäftsführer.

Ein bewährtes Unternehmen der kep ist die Christliche Medien-Akademie (CMA), die sich die Einführung junger Menschen in die Welt des Journalismus und in die Welt der Öffentlichkeitsarbeit zur Aufgabe gemacht hat.

Lausanner Bewegung

Zwar kehrten die allermeisten Teilnehmer des Kongresses für Evangelisation und Weltmission 1974 in Lausanne mit neuer Dienstbereitschaft in ihre Heimat zurück, doch dauerte es noch einige Zeit, bis sich in der Bundesrepublik und der damaligen DDR eine Lausanner Bewegung – Deutscher Zweig bilden konnte. Das »Missionarische Jahr« 1980 und in der DDR ein »Missionarisches Jahrzehnt« waren erkennbare »Früchte«. Das Thema »Evangelisation in und für Deutschland« blieb so auf der Tagesordnung.

Jahrelang waren wir uns nicht einig, ob die Großevangelisation noch einen Platz in unserem Land habe. Schließlich aber einigten wir uns darauf, dass nicht nur der Evangelisationsdienst von Mensch zu Mensch oder eine Orts- bzw. Gebietsevangelisation ihre Berechtigung haben, sondern auch die Großevangelisation.

Wir haben uns gefragt, wie wir starten könnten und wer der Evangelist in Deutschland werden könnte. Wir wollten die Pro-Christ-Veranstaltung 1993 in Essen mit Billy Graham als Test nehmen. Es waren nur wenige, die den Mut hatten, diese Aktion zu beginnen und sie nachher auch weiterzuführen. Ich habe Anfang März 1990 an Ulrich Parzany geschrieben und ihn gefragt, ob er sich vorstellen könne, der Evangelist zu sein, den wir suchten. Am 30. März antwortete er: »Wenn ich im Zusammenhang mit der Lausanner Bewegung in irgendeiner Weise beim evangelistischen Verkündigungsdienst mithelfen soll, dann habe ich dazu bei ausreichend langfristiger Planung volle Freiheit.« Aber es dauerte noch einige Zeit, bis an ihn eine Einladung erging, in Deutschland als Redner bei Großevangelisationen tätig zu werden.

Der »Test« in Essen gelang. Gott schenkte Gelingen. Die große Grugahalle in Essen war Abend für Abend besetzt. Billy Graham sprach, wie wir es von ihm kannten, einfach und eindringlich. Wilfried Reuter übersetzte hervorragend. Er hatte den Dienst übernommen, den Peter Schneider – inzwischen im Ruhestand – Jahrzehnte hindurch in kongenialer Weise wahrgenommen hatte.

Erneut wurde uns als Veranstaltern bewusst, dass Billy Graham ohne Frage ein »auserwähltes Werkzeug« Gottes (Apostelgeschichte 9, 15) war. Wiederholt traf ich in den kommenden Jahren Menschen, die bezeugten: »1993, in Essen, rief mich Jesus Christus in seine Nachfolge.«

In der Lausanner Bewegung wurde auf Grund der Erfahrungen während der Essener Veranstaltungswoche beschlossen, ProChrist weiterzuführen, auch ohne die amerikanischen Brüder. Als Vorsitzender des ProChrist e.V. gab Rolf Scheffbuch wertvolle Impulse. Geschäftsführer eines in Kassel eröffneten Büros wurde Frieder Trommer, der mit Fleiß und Umsicht, unterstützt von wenigen Mitarbeitern, die organisatorischen Voraussetzungen zum Gelingen der Aktionen schuf.

Weitere ProChrist-Veranstaltungen folgten: 1995 in Leipzig, 1997 in Nürnberg und 2000 in Bremen. Gott ließ aus einer kleinen Schar von Brüdern eine lebensfähige Organisation erwachsen. Inzwischen haben durch ProChrist viele Menschen zum Glauben gefunden oder geistliche Anstöße bekommen. Christliche Gemeinden im ganzen Land empfingen wesentliche Anregungen und wurden ermutigt.

Evangelikal sein, aber nicht so heißen?

Von Zeit zu Zeit beschäftigt sich die kirchliche Öffentlichkeit mit uns, den »Evangelikalen«. Oft wurden und werden wir als Störenfriede hingestellt. Man will oder kann nicht verstehen, dass wir von einer heiligen Unruhe erfüllt sind, weil »das Poprium«, »das Eigentliche«, in den Evangelischen Kirchen nicht in ausreichendem Maße zum Tragen kommt. Der theologische Pluralismus baut keine Gemeinde Jesu. Er mag geduldet werden in einer Volkskirche. Doch wenn die verantwortlichen Männer und Frauen in den Volkskirchen sich nicht auf den Grund ihres Glaubens besinnen, hat die Kirche keine Zukunft. Wenngleich ich persönlich davon überzeugt bin, dass der Kirchentyp der Zukunft der der Freikirche sein wird, bleiben auch Freikirchen nicht davor gefeit, sich dem Zeitgeist zu öffnen.

Es war mir vom Anfang meines Dienstes in Wetzlar an ein besonderer Wunsch, Gott um Hilfe zu bitten bei dem Bemühen, Nachfolger Jesu zusammenzuführen, ganz gleich in welchem kirchlichen Lager sie zu Hause sind. Dabei habe ich auch versucht, die Nicht-Charismatiker und die so genannten Charismatiker sowie auch Männer und Frauen der Pfingstbewegung zusammenzuführen. Das ist aber nur ansatzweise gelungen. Zu tief sind oft die Wunden, die einer dem anderen zugefügt hat.

Ich bin selbst in einer Gemeinde zu Hause, die einige ihrer besten jungen Leute an eine charismatische Gemeinde verloren hat. Unsere Gemeinde, in der diese jungen Leute, geistlich gesprochen, das »Laufen« lernten, war eines Tages nicht mehr fromm genug für sie. Ich verstehe daher, wenn gerade auch Evangelikale vor einem Zusammengehen mit Charismatikern warnen. Trotzdem bin ich zutiefst davon überzeugt, dass angesichts der geballten Gottlosigkeit unserer Zeit ein Zusammengehen der Jünger Jesu mehr denn je erforderlich ist. Es darf aber kein »Fischen im Teich des anderen« geben. Und es muss auch vor aller geistlichen Überspanntheit und Rechthaberei gewarnt werden. Was ich im Einzelnen zu diesem Thema denke, habe ich in Zehn Thesen versucht, zum Ausdruck zu bringen, die zur Trägerkreissitzung der Lausanner Bewegung – Deutscher Zweig am 2. 4. 1992 erstmals veröffentlicht wurden:

1. Ich freue mich über Gottes Führungen in meinem Leben. Ich danke Gott, der mir den Glauben geschenkt hat und ihn mir erhält. Ich lasse gelten, dass auch andere Christen Jesus als ihren Herrn bekennen. Ich überbewerte nicht meine eigene geistliche Erfahrung. Erkenntnisse des anderen werte ich nicht ab.

2. Ich weiß, dass nicht ich die Gemeinde beleben kann. Das muss der Heilige Geist selbst tun, der mich – wunderbarerweise – beauftragt und befähigt und mich an geistlichen Prozessen im geistlichen Leben der Gemeinde Jesu beteiligt.

3. Ich rechne damit, dass der Heilige Geist bei anderen anders wirkt, als ich es gewohnt bin oder mir vorstellen kann.

4. Ich erinnere mich, dass die Kirchen- und Missionsgeschichte zeigt, dass die Gemeinde Jesu von Anfang an nicht nur eine einzige Erscheinungsweise hatte.

5. Ich entdecke die Gegner der Sache Jesu nicht im Lager der »anderen Brüder und Schwestern«, sondern dort, wo die Autorität des Wortes Gottes bestritten wird, wo das Sündersein des Menschen und die Notwendigkeit der Rettungstat Jesu bestritten werden, wo Bekehrung und Wiedergeburt als unnötig bezeichnet werden, wo die Kraft des Heiligen Geistes fremd ist und wo nicht mit der Wiederkunft Jesu gerechnet wird.

6. Ich will mich bemühen, das Gemeinsame der verschiedenen christlichen Gruppierungen zu entdecken und zu bejahen. Eigene geistliche Erfahrungen, die der andere nicht gemacht hat, bewahre ich dankbar, ohne mich deshalb über den anderen zu erheben. Ich erhebe besondere Erkenntnisse und dogmatische Spezifika meiner Denomination nicht in den Rang von Heilstatsachen.

7. Ich erwarte, dass die Gemeinde Jesu keinem die Gotteskindschaft abspricht, ob er bestimmte Gaben hat oder nicht. »Was hast du, das du nicht empfangen hast?« (1. Korinther 4, 7). »Dient einander, ein jeder mit der Gabe, die er empfangen hat« (1. Petrus 4, 10).

8. Ich sehe, dass Gott wirksam ist in Kirchen, Freikirchen, in den verschiedenen Gemeinschaften, in den so genannten Freien Werken und auch bei Gemeindeneugründungen.

9. Ich will vor allem dort evangelisieren, wo ein geistliches Vakuum erkennbar ist. Dabei bemühe ich mich um Absprache mit anderen. Ich will alles vermeiden, was zu einer »Abwanderung« aus bereits bestehenden Gemeinden führen kann (Römer 15, 20). Ziel meiner Evangelisation sind nicht die schon Bekehrten, sondern die Menschen, die ohne Christus leben.

10. Ich verstehe Evangelisation nicht als Mittel, die Mitgliederzahl meiner eigenen Gemeinde zu vergrößern, sondern als Ruf in die Gemeinde Jesu. Ich will mich auch darüber freuen, wenn Menschen, die durch meinen Dienst zum Glauben gekommen sind, in einer anderen Gemeinde eine geistliche Heimat finden.

Neben dem Dienst im ERF und bei TWR war es besonders meine Mitarbeit in der Lausanner Bewegung für Weltevangelisation, die meinen geistlichen und geistigen Horizont weitete.

Sitzungen mit Leighton Ford, dem die Lausanner Bewegung

viel verdankt, oder mit Tom Houston, dem »Chefdenker« der Lausanner Bewegung oder mit Paul Cedar, Leiter von »Mission America« sind Höhepunkte. Da kommen weltweite Kenntnisse, lange Erfahrungen, ein brennendes Herz für die Evangelisation und Mission und oft sehr zeugnishafter Glaube zusammen und schaffen gute Voraussetzungen für ein weltweites Engagement. Rolf Scheffbuch hat – schon als Dekan in Schorndorf und später als Prälat in Ulm – die Lausanner Bewegung maßgeblich mitgestaltet und inspiriert und ihr in Europa und weltweit viele neue Impulse vermittelt. Miteinander sind wir eines Tages nach Norwegen gereist, um kennen zu lernen, wie es die anderen machen und davon zu lernen. Norwegen war einer der Schrittmacher der Lausanner Bewegung und blieb es auch einschließlich einer im März 1999 einberufenen Tagung nach Hurdal. Damals wurde ein erster Versuch unternommen, die weltweiten Dachverbände Lausanner Bewegung, AD2000 und die Weltweite Evangelische Allianz (WEF) stärker zusammenzubinden.

Gern hätte ich noch erlebt, dass es zu dieser großen Gemeinsamkeit gekommen wäre – aber der Tag war noch nicht abzusehen, als ich Ende Juni 1999 den Vorsitz der Lausanner Bewegung in Deutschland abgab.

Mir sind viele Männer und Frauen begegnet, die davon sprechen, dass der Weltkongress für Evangelisation im Jahr 1974 in Lausanne entscheidend ihr theologisches Denken und ihre Arbeit beeinflusst habe. Auch ich muss das sagen: Es hat wohl kaum eine andere christliche Veranstaltung gegeben, die dermaßen prägend und wegweisend war. Das Vertrauen der Brüder hatte mich zum deutschen Delegationsleiter gemacht. Ich fühlte auch nach dem Kongress eine weitere geistliche Verantwortung und habe darum später zu einer Gemeinsamkeit in der Lausanner Bewegung Deutscher Zweig eingeladen. Dabei ging es vor allem darum, die Evangelische Allianz und die Arbeitsgemeinschaft Missionarische Dienste zu gemeinsamem Tun anzuregen.

Viele glaubensstärkende Erfahrungen habe ich auf Reisen ins Ausland gemacht. Dabei standen natürlich Begegnungen mit den Mitarbeitern der TWR-Zentrale, früher in Chatham/New Jersey, später in Cary/North Carolina, im Vordergrund.

Viele Male nahm ich an der Tagung der National Religious Broadcasters (NRB), zumeist in Washington D.C., teil. Wertvolle Eindrücke habe ich gewonnen, manche Anregung für den Dienst empfangen, auch manchen Vorsatz gefasst: So willst du es nicht machen.

Unangenehm berührt hat mich die Begegnung mit einigen der namhaften amerikanischen Fernsehevangelisten und Starprediger. Wieviel Geltungsdrang, Stolz und Überheblichkeit, auch Sünde! Ich habe nie verstanden, warum meine amerikanischen Freunde solche Auswüchse dulden. Sturz und Fall einiger Fernsehgrößen schienen geradezu vorprogrammiert bei solchem Gehabe und bei einer erkennbaren Beschneidung des Evangeliums zugunsten der eigenen Person. Es hat mich geschmerzt, dass man unsere Arbeit in Europa anfangs häufig mit der »Electronic Church« in Zusammenhang brachte. Die »National Religious Broadcasters (NRB)« haben offensichtlich zu spät ihren Mund aufgemacht. Wie gut, dass die Missstände beseitigt wurden, nachdem Dr. Brandt E. Gustavson die Leitung des NRB übernommen hatte. Gustavson, der auch lange Jahre Vorsitzender des Vorstandes von TWR-International war, verstarb im Sommer 2001. Einer seiner letzten Gedanken war: »Ich habe mein Leben lang gepredigt, wie wir leben sollen, jetzt will ich bezeugen, wie wir sterben können.«

Wiederholt habe ich Versuche unternommen, etwas Ähnliches wie die NRB in Europa zu initiieren, viele Jahre hindurch auch mit den Freunden vom Evangelischen Omroep in Holland. Die Stunde dafür war aber wohl noch nicht gekommen, deshalb freue ich mich um so mehr, dass inzwischen die »Fellowship of European Broadcasters (FEB)« unter der tatkräftigen Leitung von Harvey Thomas christliche Radio- und Fernsehleute in Europa sammelt.

Es muss auch davon gesprochen werden, dass es trotz aller Skandale, die es in der Welt der »Electronic Church« gab, in Amerika immer treue Menschen gegeben hat, die sich Gott verpflichtet wussten, die sich bemüht haben, sein Wort »laufen« zu lassen und die in ihren Organisationen und auch in ihren Sendestationen bemüht waren, das Evangelium von Jesus Christus ohne Abstriche weiterzusagen.

Als sinnvoll empfand ich, dass die großen Radiomissionen wie Far East Broadcasting Company (FEBC), die Stimme der Anden (HCJB Missionary Radio), TWR und zum Teil auch die Society for International Ministries (SIM) in Monrovia, Liberia (früher ELWA), gemeinsame Initiativen entwickelt haben. Unter der Bezeichnung »World by 2000« wurden in den Jahren vor der Jahrhundertwende viele neue christliche Radiosendungen auf den Weg gebracht, jeweils für Sprachen, die von mindestens einer Million Menschen und mehr gesprochen werden.

Weltweite Bruderschaft in der Lausanner Bewegung – weltweite Bruderschaft in der Arbeit der Evangelischen Allianz und weltweite Arbeit bei Trans World Radio, das alles diente und dient auch der Arbeit des ERF. Es ist wiederholt darauf hingewiesen worden, dass der ERF eigentlich ein Schulbeispiel dafür ist, was Evangelische Allianz erreicht. Mitarbeiter des Evangeliums-Rundfunks haben darum auch bei verschiedenen übergemeindlichen und auch internationalen Treffen mitgearbeitet. Das gilt für den Weltkongress für Evangelisation 1966 in Berlin, für den europäischen Kongress für Evangelisation in Amsterdam 1971 und natürlich für den Weltkongress für Evangelisation 1974 in Lausanne und für den Kongress Lausanne II in Manila 1989.

Wir waren 1974 in die Vorbereitungen mit hineingenommen und haben lange überlegt, wie wir das englische Konferenzmotto »Let the Earth hear His Voice« in einer gefälligen Weise im Deutschen wiedergeben könnten. Dieser Satz ist ja aus einem sehr bekannten Lied, das auch ins Deutsche übersetzt ist. Diese Version schien uns aber als Konferenzmotto nicht so geeignet, und darum wurde der Satz geprägt »Alle Welt soll sein Wort hören«. Ich bin sehr froh, dass diese Aussage nicht nur ein Konferenzmotto blieb, sondern zum Arbeitsziel unseres weltweiten Dienstes wurde.

Ob im kirchlichen Dienst, in einer besonderen missionarischen Aufgabe oder in der christlichen Medienarbeit – in den letzten Jahren galt es, an vielen Stellen umzudenken. Zählte man in Verbindung mit dem Kongress in Lausanne 1974 die Mehrzahl der evangelischen Christen noch in der westlichen Welt, so änderte sich das sechs Jahre später. 1980 war so etwas wie ein Wendepunkt. Der Prozentsatz evangelischer Christen in der Dritten Welt und im Westen war in jenem Jahr etwa gleich. Aber bereits 1985 lebten 66 Prozent der evangelischen Christen in der Dritten Welt. Diese Entwicklung wird anhalten. Nicht zuletzt deshalb, weil aus den Entwicklungsländern selbst inzwischen Missionare in andere Länder entsandt werden.

Diese Entwicklung ließ uns nicht ruhen. Es wurden darum Anstrengungen unternommen, bald nach dem Weltkongress in Manila 1989 auch einen großen Evangelisationskongress in Deutschland zu wagen. Das Thema lautete »Weitersagen«, und zwar »Um Gottes Willen: Weitersagen«, also: unter allen Umständen weitersagen, worum es geht, weil Gott es will. Noch vierzehn Tage vor Beginn dieses Kongresses, im Oktober 1990, waren nur etwa 2 500 Teilnehmer angemeldet, obwohl wir 5 000 erwarteten. Wir gingen durch Tage großer Anfechtung und Sorge. Hartmut Steeb, Generalsekretär der DEA, leistete hervorragende organisatorische Arbeit zur Vorbereitung des Kongresses. Dann aber folgte Anmeldung auf Anmeldung, und während der Kongress lief, war das Ziel erreicht: Über 5 000 Pastoren, Pastorinnen, Gemeindehelferinnen, Jugendleiter, Sozialarbeiter und »schlichte« Kirchenglieder machten sich Gedanken darüber, wie das Evangelium in Deutschland weitergesagt werden muss. Da habe ich erlebt, dass auch große Kongresse nicht ohne Gott vorzubereiten sind und nur im Vertrauen auf ihn durchgeführt werden können. Sicher haben wir nicht genug Fleiß und Fantasie entwickelt, nach einem solchen Kongress gezielt weiterzuarbeiten. Zu vieles wird schnell vergessen, obwohl manches gehört und sogar akzeptiert, aber doch nicht zur Tat wird.

GOTT ERHÄLT DIE KRAFT

»Ihr predigt nur!«

Eine Frucht der weltweiten gemeinsamen Arbeit ist die »Lausanner Verpflichtung«. Dass Gott die Autoren (unter ihnen in besonderer Weise John Stott) offensichtlich gebraucht hat, zeigt das häufige Zitieren und Verwenden der Lausanner Verpflichtung. Ich habe miterlebt, dass Organisationen, die einen gemeinsamen Dienst tun wollen, sich aber nicht auf eine Glaubensgrundlage einigen konnten, und deshalb bei ihrer jeweiligen Glaubensgrundlage blieben, dennoch – oder gerade – als verbindendes Dokument die Lausanner Verpflichtung wählten. Selten wurde in den letzten Jahrzehnten so deutlich darüber gesprochen, dass die Bibel »der einzige unfehlbare Maßstab des Glaubens und Lebens ist« wie in der »Lausanner Verpflichtung«. Unmissverständlich wird von der »Einzigartigkeit und Universalität Jesu Christi« gesprochen, vom Wesen der Evangelisation, aber auch von der sozialen Verantwortung der Christen. Ein großartiges Dokument, das sicher noch viel mehr bekanntwerden muss.

Zwar nicht von solchem Gewicht, aber dennoch aussagekräftig, ist das »Manifest von Manila«. Ich denke, dass mancher Streit und manche Auseinandersetzung der Evangelikalen anders verliefe, wenn im Geist der Lausanner Verpflichtung gearbeitet und geredet, und wenn auch das »Manifest von Manila« mehr beachtet würde.

Obwohl beide Dokumente klar machen, dass Evangelikale bereit sind, soziale Verantwortung zu tragen (wie sie das immer getan haben in der Kirchen- und Missionsgeschichte, auch wenn sie es nicht an die große Glocke gehängt haben), stoße ich immer wieder auf Fragen wie diese: »Predigt ihr denn nur?«

Es liegt natürlich in der Natur der Radiomission, dass vor allem gepredigt wird. Was geht für eine kräftigende und versöhnende Wirkung vom Wort Gottes aus! Das schließt aber nicht aus, auch

Hilfe für den Magen oder besser für den ganzen Menschen zu leisten. Darum bietet zum Beispiel TWR Afrika seit langem Programme an im Rahmen der Aktion »Africa Challenge« (»Afrika soll leben«). In Radioprogrammen wird zu wesentlichen Fragen des Lebens Stellung genommen, von der Mutterschaft über Kindererziehung, Umgang mit Geld und Ressourcen bis hin zu Fragen des Ackerbaus oder der Viehzucht, Umgang mit Krankheit und Hygiene. Aus diesem Programm heraus entwickelte sich eine besondere Hilfsaktion, die unter dem Stichwort »Solarkocher« läuft.

Werner Merz, ein deutscher Ingenieur, der sein Herz in Afrika verloren hat, hat einen Solarkocher weiterentwickelt. Eine mit Aluminium ausgelegte Holzkiste ist mit Glas überdeckt, das die Sonnenenergie einfängt und die Speisen, die in die Kiste hineingestellt sind, gar kocht. Auf diese Weise können afrikanische Frauen – ohne ein Stückchen Holz zu verwenden – für ihre Familien alle möglichen Gerichte zubereiten. In einer Werkstatt, die unserem Büro in Nairobi angeschlossen ist, werden diese Kocher produziert und preiswert an Interessenten abgegeben. Dieses relativ einfache Gerät könnte, wenn es richtig eingesetzt wird, eine Revolution einleiten. Auf das sonst erforderliche Brennholz kann verzichtet werden. Die Frauen, die sich dieser Kochkiste bedienen, müssen nicht mehr kilometerweit laufen, um ein Bündel Holz zusammenzubringen, das oft genug auch noch teuer bezahlt werden muss. Sie haben jetzt das Kochgerät vor ihrem Haus. Sie sparen die langen Wege, das Geld und die Kraft. So erleben wir mit Gott, dass er sich auch um die ganz alltäglichen Dinge kümmert.

Inzwischen ist dieser Kocher nicht nur in Kenia begehrt, sondern auch in den umliegenden Ländern. Selbst aus Kamerun erreichten TWR Bestellungen. Und auch die in Kenia zahlreich lebenden Inder sind auf dieses Gerät aufmerksam geworden und wollen es für sich und ihre Angehörigen in Afrika und in Indien.

Eines Tages hörte in Simbabwe ein junger Hörer von TWR an der Bushaltestelle eine Sendung. Plötzlich trat ein Herr auf ihn zu und fragte ihn nach dem Namen der Radiostation. Der junge Mann wies auf TWR hin. Der Ältere stellte sich als Lehrer an einer höheren Fachschule für landwirtschaftliche Fragen vor und bat den jungen Radiohörer, doch einmal vor den Klassen seiner Schule über diesen Sender zu referieren. Das hat der junge Mann dann auch getan.

Ich selbst habe erschütternde Erlebnisse gehabt in Gebieten, wo weit und breit nicht ein Strauch oder Baum zu sehen ist und wo der Solarkocher wirklich d i e Hilfe für die notleidende Bevölkerung ist und besonders auch die Frauen entlastet, die in der Regel kilometerweit gehen müssen, um für teures Geld Brennholz zu kaufen, das dann doch nur wenige Tage reicht.

Rückschau

Wenn ich zurückschauend überdenke, was ich mit Gott erlebt habe, erinnere ich mich auch einiger Mitarbeiter, die er mir an die Seite gestellt hat. Da sind zum Beispiel die Damen, die manche »rechte Hand des Chefs« nennen. Ich hatte das Vorrecht, mit Sekretärinnen arbeiten zu können, die fähig, zuverlässig und schnell waren. Mit ihnen und für sie habe ich mich gefreut, wenn sie heirateten und darum den ERF verließen. Dankbar bin ich, dass ich mit Erika Netsch über zwei Jahrzehnte hindurch eine Mitarbeiterin hatte und habe, die nicht nur mitdenkt und mitträgt, sondern auch mitbetet.

Ich denke auch an manche Mitarbeiterin und manchen Mitarbeiter in der Redaktion. Einige derer, die in den ersten Jahren mithalfen, sind inzwischen heimgegangen oder in den Ruhestand getreten. Einige haben eine Berufung in andere Aufgaben erfahren.

Besonders dankbar bleibe ich den Männern, die die technische Abteilung geleitet haben, Manfred Kampf, Ruedi Bärtschi und Hartmut Diehl. Immer hatte ich mir gewünscht, dass unser Studio- und Bürogebäude, von manchen Freunden und Besuchern »Funkhaus« genannt, wirklich ein Haus werden würde, aus dem »gefunkt« wird, d. h. ein Haus, aus dem Radiosendungen in die Welt gesendet würden. Die technische und politische Entwicklung brachte es mit sich, dass dieser Wunsch erst nach meiner Pensionierung in Erfüllung ging. Neidlos und voller Freude habe ich diese Entwicklung mitverfolgt.

Dankbar schaue ich zurück auf das, was Gott mich erleben ließ – in der Familie, in der Gemeinde, beim ERF. Ich finde es großartig, dass ich Zeuge der Vereinigung unseres Landes und des Wegfalls der Mauer geworden bin. Nicht nur, wenn ich mit dem Zug oder dem Auto über die frühere Grenze von West nach Ost oder umgekehrt fahre, danke ich Gott, sondern auch bei anderer Gelegenheit.

Was war das für eine Freude, als unsere Hörer endlich offen schreiben konnten, was sie wirklich denken, und dankbar von den »letzten Zuckungen des Stasi« sprachen (so in einem Brief vom 17. 12. 89).

In einer Zuschrift aus Halberstadt hieß es: »Nun atmen wir auf, dass dieser Druck von uns genommen ist. Dem Herrn sei Dank für alle Veränderungen in unserem Land und dass bisher alles unblutig verlief. Freilich ist das alles nur ein Anfang, und es muss noch vieles geschehn, auch im Blick auf die Versorgung. Wir können das alles kaum verkraften, und jeder hat Mühe, sich auf die täglichen Aufgaben zu konzentrieren. Das geht hinein bis in die Stille vor Gott. Ich habe echt Schwierigkeiten beim Bibellesen und Gebet. Wir lebten vorher in einer gewissen Gleichmäßigkeit dahin. Die Verhältnisse waren uns zur Gewohnheit geworden. Und nun sehen wir mit eigenen Augen, wie viele Dinge, die bei Ihnen im Land Selbstverständlichkeit sind, unerreichbar sind bzw. uns nur durch Geschenke von lieben Freunden ermöglicht wurden. Wie wird es nun wohl werden?«

Mancher hätte gewünscht, dass bei der Vereinigung einiges anders gelaufen wäre. Hinterher ist man immer schlauer. Insgesamt jedenfalls haben wir ein geschichtliches Ereignis miterlebt, das seinesgleichen sucht. An und für sich ist es unbegreiflich, wie schnell man nach einer solchen Erfahrung wieder zur Tagesordnung übergeht.

Einer, der mutig seinen Glauben bekannte – vor und nach der Wende –, ist Uwe Holmer. In einem Brief an seine Freunde schrieb er im Februar 1990, als ihn noch viele angriffen, weil er Erich Honecker, dem früheren Staatschef der DDR, Quartier gegeben hatte: »Erich Honecker hat seit dem 31. 1. 90, dem Tag, an dem er Wandlitz verlassen mußte, kein Zuhause mehr, ist also obdachlos. Außerdem ist er nach zwei schweren Operationen krank und 77 Jahre alt. Damit ist er ein hilfsbedürftiger Mensch.« Die Kirchenleitung hatte darum gebeten, Honecker aufzunehmen. Und Holmer schreibt: »Es geht durch die Aufnahme niemandem bei uns ein Pflegeplatz verloren oder eine Wohnung. Honeckers sind bei uns privat untergebracht. Diese Entscheidung wird von den leitenden Mitarbeitern Lobetals und von der Mehrheit unserer Bewohner mitgetragen ... Unsere Familie hat diesen Schritt nicht getan aus Sympathie mit dem alten Regierungssystem. Von unseren zehn Kindern haben wir für acht einen Antrag auf den Besuch der erweiterten Oberschule gestellt. Keines von ihnen wurde angenommen trotz guter und bester Zensuren. Wir haben jedoch darüber keine Bitterkeit im Herzen, da wir in der Nachfolge unseres Herrn wirklich vergeben haben. Auch haben wir erlebt, daß Gott unsere Kinder auch ohne Abitur freundlich geführt hat ...« Uwe Holmer hat über diese Erfahrungen in einem Interview berichtet, das ich mit ihm hatte. Ich kann von Herzen unterstreichen, was er in dem einstündigen Interview sagte. Aber besonders markant bleiben die Gedanken: Dank für das, was Gott geschenkt hat – unbedingte Vergebungsbereitschaft für alles erfahrene Unrecht – vorwärts im Vertrauen zum Herrn.

Nicht nur in Deutschland war die Wende etwas Dramatisches. Auch andere Länder, die zuvor kommunistisch waren, haben ihre Erfahrungen gemacht. Nachdem wir den Gedanken hatten, bei Radio Tirana (Albanien) zu erkunden, ob der Sender vielleicht bereit wäre, christliche Programme auszustrahlen, machte Bill Mial dort den ersten Besuch. Dieser Sender hatte mit seiner überstarken Leistung kommunistische Parolen nach Europa getragen und auf diese Weise oft unsere Sendungen gestört. Die Frequenzen von Radio Monte Carlo und die von Radio Tirana lagen sehr nah beisammen. Radio Tirana war der Sender eines Staates, der sich »erster atheistischer Staat der Welt« nannte. Bill Mial erreichte durch seine Verhandlungen, dass dieser ehemals kommunistische Sender bereit wurde, Sendezeit an TWR zu verkaufen. Seither strahlt Tirana Evangeliumsprogramme für den Balkan aus. Als Bill Mial sich von dem Generaldirektor verabschiedete, sagte der: »Wir hofften, der Welt das Licht zu bringen, und haben es nicht geschafft. Vielleicht gelingt es Ihnen besser!«

Das wollen wir von Herzen hoffen und von Gott erbitten als Menschen, die in Jesu Dienst stehen, der gesagt hat: »Ich bin das Licht der Welt!«

In jüngeren Jahren habe ich mich manches Mal gefragt, ob ich je den Übergang ins neue Jahrtausend noch erleben werde. Nun ist auch dieses Ereignis schon wieder Geschichte. Man zieht Bilanz, man schaut zurück.

Nach dem Abschied von der liebgewordenen Tätigkeit im ERF (mit 65) und der Verabschiedung von TWR (mit 68) ergaben sich noch einige Aufgaben, die ich gerne wahrgenommen habe.

Ich denke an den ersten Kongress christlicher Führungskräfte in Fellbach im Februar 1999. Auf Anregung des Unternehmers Jörg Knoblauch luden seine Firma »tempus« und idea zu diesem Kongress ein.

Ich war der Meinung, es stünde einer Publikation wie idea gut an, nicht immer nur zu berichten, was andere bereits getan haben, sondern Anregungen zu geben, was in Zukunft zu tun bleibt und wie es getan werden kann.

Tausend Menschen hätten wir gern zu einem solchen Kongress beisammen gesehen. Noch im September und Oktober sah es so aus, als würde der Kongress nicht sehr interessieren. Bis Ende Dezember waren es dann wenigstens 800, bis Ende Januar 1 000 Anmeldungen und tatsächlich kamen zum Kongress im Februar 1999 1 200 Personen.

Es ging uns sehr wesentlich auch darum, den Konferenzteilnehmern zuzurufen: »Wer im Glauben mit Christus lebt, muss keine Angst haben vor der Zukunft, selbst wenn die Erfolgsfaktoren der Vergangenheit in Zukunft nicht mehr gelten werden.«

Ca. 20 Prozent der Teilnehmer wünschten einen Nachfolgekongress nach einem Jahr, knapp 20 Prozent in drei oder mehr

Jahren, 60 Prozent waren dafür, einen weiteren Kongress nach zwei Jahren einzuberufen. Nur sehr wenige waren nicht für einen weiteren Kongress. Darum entschlossen wir uns für einen zweiten Kongress im Januar 2001 in Kassel. Thema – für Christen in Verantwortung: »Mit Werten in Führung gehen«. Die Unterthemen verdeutlichen die Schwerpunkte des Kongresses: »Christsein leben – Verantwortung übernehmen – Zukunft gewinnen.«

Wiederum wurde unsere Geduld auf eine harte Probe gestellt. War Kassel der richtige Ort? Stimmte der Termin? Hatten wir die geeigneten Redner gewählt? Würden die Seminare die erhoffte Akzeptanz finden? Bis Weihnachten 2000 hatten sich erst 800 Personen angemeldet. Wir erwarteten einige Hundert mehr. Es sollten ja nicht nur viele Menschen mit der Thematik des Kongresses erreicht werden. Eine größere Zahl von Teilnehmern war auch nötig, um den Kongress kostendeckend durchzuführen. Zuschüsse waren von keiner Stelle zu erwarten. Ich fragte mich auch, ob eine solche Tagung mit Interessierten aus katholischen, lutherischen, evangelikalen, charismatischen und pfingstlerischen Gruppen erneut gelingen würde. War am Ende die Thematik nicht richtig, obwohl unter viel Gebet der Verantwortlichen fixiert? Fragen über Fragen. Erwartungsvolle Hoffnung und ängstliches Verzagtsein bis zum letzten Augenblick! – Doch dann zeigte Gott den 1 400 Teilnehmern des Kongresses und uns als Veranstaltern, dass er selbst die »Schirmherrschaft« übernommen hatte. Bis auf wenige ablehnende Stimmen bezeugten die Teilnehmer nach dem Kongress, im Glauben gestärkt worden zu sein, die Vielfalt der geistlichen Gemeinschaft als besonderes Geschenk empfunden zu haben und fachlich überzeugend gefördert worden zu sein. Zwei Bücher berichten im Einzelnen, was die Kongresse in Fellbach und Kassel zu vermitteln bemüht waren.

Angeregt durch meine Reisen in islamischen Ländern oder in Ländern, die sich durch einen erstarkten Islam herausgefordert sehen, beschäftigte ich mich intensiver mit dieser Religion. Mit Freunden, die in Missionsgesellschaften arbeiten, die Muslimen das Evangelium anbieten, und mit erfahrenen Frauen und Männern, die sich seit längerem mit dem Islam beschäftigen, gründeten wir unter dem Dach der Lausanner Bewegung eine »ständige Arbeitsgruppe Islam«. Ziele: Aufgaben anpacken, für die einzelne evangelikale Organisationen überfordert sind – Tagungen und Konferenzen anbieten für Multiplikatoren, wie Pädagogen, Juristen, Politiker, Theologen und interessierte Laien – Verteilmaterial in größeren Auflagen herausgeben, das die Gemeinden auf Missionsmöglichkeiten einerseits, aber auch auf unterschiedliche Glaubensauffassungen von Muslimen und Christen andererseits hinweist. Schließlich wurde die Gründung eines Instituts für Islamfragen initiiert.

Ein weiteres vielseitiges Arbeitsfeld eröffnete sich durch die Mitarbeit im Vorstand des Evangelischen Seniorenwerkes (ESW), das unter dem Vorsitz des diakonieerfahrenen Pastors i. R. Dr. Günther Freytag arbeitet.

Abschied

Im Gebäude des ERF erinnern Bilder an Vorstandsmitglieder, die den ERF mit geprägt haben, inzwischen aber in die Ewigkeit abberufen wurden.

Walter Quiring (1898-1977), der frühere Direktor des Predigerseminars des Bundes Freier evangelischer Gemeinden, war einer der Männer der ersten Stunde. Dass theologische Klarheit bis in die Glaubensgrundlage des ERF nicht nur Dogmatik ist, sondern Ausdruck gelebten Glaubens, das war ihm wichtig. Er konnte sehr plötzlich sehr absolut sein. Man hatte dann rasch den Eindruck, das letzte Wort sei schon gesprochen, aber er ließ mit sich reden.

Öfter bedauert habe ich, dass einer der geistigen und geistlichen Väter des Werkes nicht länger Anteil nehmen konnte am Wachsen des ERF, Rudolf Loh, Unternehmer aus Haiger. In einem Gespräch Ende der 60er-Jahre sagte er damals mit fast prophetischem Blick, eines der großen Probleme der Zukunft werde die Orientierungslosigkeit sein. Darauf müsse der Evangeliums-Rundfunk eine Antwort haben. (Die Ehefrau Irene hat nach dem Tod ihres Mannes Jahre hindurch im Vorstand mitgearbeitet. Der praktische Sinn der Geschäftsfrau war eine Bereicherung für die Vorstandsrunde, in der viele Theologen – und manchmal Theoretiker – beisammen saßen.)

Von Hermann Schulte war schon zuvor die Rede. Wieviel hat er für den Evangeliums-Rundfunk getan! In der letzten Zeit seines Lebens konnte er nicht mehr sprechen. Seine Krankheit hatte ihm das Sprechvermögen genommen. Als ich ihn ein letztes Mal im Krankenhaus besuchte, verständigten wir uns durch Handdruck. Wenn er mir zustimmte, drückte er meine Hand.

Manches Mal muss ich an Jakob Bernath (1913-1983) aus Zürich denken, der als nüchterner Christ, oberster Mann einer Behörde in einer Weltstadt, dem ERF als Vorsitzender gut tat. Er sorgte dafür, dass wir vor unrealistischen Plänen bewahrt blieben, dass saubere Finanzpläne auf den Tisch kamen, und dass wir bei allem Tun auch viel von unserem Gott erwarteten.

Über Jahre war der ERF meines Wissens das einzige christliche Unternehmen, das Deutsche, Schweizer und Österreicher in einer Organisation verband.

»Abschied nehmen ist wie Sterben.
Jeder läßt ein Stück
seines Lebens in der Hand des anderen zurück.
Doch wenn Gottes Hand
uns miteinander fest umschließt,
bleibt uns nah,
auch wer uns ferne ist.

Abschied nehmen heißt Vergessen.
Immer nagt die Zeit
unerbittlich an den Bildern der Vergangenheit.
Doch wenn Gottes Hand
uns miteinander fest umschließt,
bleibt uns nah,
auch was uns ferne ist.

Wenn Gott will und wenn wir leben,
wollen wir uns wiedersehn.
Ehe eintritt, was wir planen,
kann noch viel geschehn.
Die, die Jesus Christus lieben,
sehn sich nie zum letzten Mal.
Wenn nicht hier auf dieser Erde,
dann bei IHM einmal.«

(Manfred Siebald)

Es kann noch viel geschehen

Schneller, als ich dachte, ist für mich die Zeit des Ruhestands gekommen. Ein Werk aufbauen ist eine Sache, es vertrauensvoll in jüngere Hände legen, ist eine andere. Das eine scheint selbstverständlich, das andere will gelernt sein. Aber wann war schon Zeit, so etwas zu lernen? Jürgen Werth, der jetzige Direktor des ERF, hat inzwischen vielfältig bewiesen, dass er Bewährtes erhält und Neues durchsetzt. Er ist dem ERF seit vielen Jahren verbunden. Zuerst war er Redakteur für aktuelle Beiträge, dann wurde er Leiter der »jungen welle«. Er gestaltete mit viel Mut und Tatkraft die Projekte des ERF, als sich Möglichkeiten boten, beim privaten Radio und Fernsehen einzusteigen. Ich habe mich seinerzeit gefreut, als er die Berufung zum Chefredakteur annahm und Mitglied der Missionsleitung wurde. Und ich habe mich gefreut, als er auch sein »Ja« zur Berufung als Direktor des ERF sagte.

Als Nachfolger von Wilfried Mann wurde Ulrich Rüsch Verwaltungsdirektor des ERF. Jahr um Jahr hat er seitdem gezeigt, dass er dem Werk nicht nur durch seine administrativen Fähigkeiten dient, sondern auch durch seinen Glauben. »Rechnen und glauben« – anders geht es ja in einem Missionswerk nicht. Gern sagt er, dass er dafür verantwortlich ist, dass der ERF »gläserne Taschen« habe, so dass jeder wisse, was mit dem Geld geschieht, das diesem Missionswerk anvertraut wird.

Als Dritter in der Missionsleitung wurde im Mai 1995 Udo Vach berufen, Pastor der Freien evangelischen Gemeinde, der als Programmdirektor beim ERF eingestellt wurde und dieses Amt mit Umsicht und fundiertem theologischem Wissen ausübt. Inzwischen ist er Programmdirektor. Mit neuer Kraft und frischen Ideen hat er sich eingebracht. Er erinnert mich gern daran, dass ich ihn nach Ende des Einstellungsgespräches gefragt habe, wie er zu einer Wohnung kommen könne, und dass ich dafür gebetet hätte, Gott möge ihm zu einem Heim verhelfen. Falls eine Wohnung dadurch frei würde, dass der bisherige Wohnungsinhaber versterbe, möge Gott es uns doch erfahren lassen. Udo Vach schließt diese Anekdote mit dem Satz: »Und so kam es!«

Dankbar erinnere ich mich an Mitarbeiter und Brüder, die im richtigen Augenblick mit Rat und Tat zur Seite waren, die für mich gebetet haben. Auch Visionäre können scheitern, wenn sie niemand haben, der ihnen zur Seite steht.

Manchmal wünsche ich mir, dass ich ein solcher Ermutiger sein kann, wie ich sie viele Male in meinem Leben getroffen habe; wenn ich an Menschen denke wie Ferdinand Sigg (1902-1965), den Schweizer Bischof, oder Wilhelm Gilbert DD (1904-1998) oder Paul Deitenbeck.

Letzere waren lange Zeit Vorsitzende der Deutschen Evangelischen Allianz. Es gab wohl kaum eine Begegnung, und sei sie noch so kurz gewesen, in der diese beiden Männer nicht Worte gefunden hätten, die dem Jüngeren Mut machten, bei der Sache zu bleiben und das Beste zu geben.

Einige der Ratgeber saßen im Programm- oder Wirtschaftsausschuss. Der ERF hat sich einen Programmausschuss gegeben für die theologische Beratung und einen Wirtschaftsausschuss, der dem Vorstand zu einer richtigen Beurteilung der finanziellen Lage verhilft. Während im Programmausschuss eher Theologen mitarbeiten, sind im Wirtschaftsausschuss eher Nicht-Theologen dabei. Das ist eine gute Mischung.

Dass im Evangeliums-Rundfunk Männer und Frauen aus dem »evangelikalen Lager« harmonisch zusammenarbeiten, ist etwas Geheimnisvolles, aber auch etwas sehr Schönes. Sowohl die Vereinsmitglieder als auch die Vorstandsmitglieder, die Mitarbeiter in den ERF-Zentralen und die über tausende Verkündiger kommen aus verschiedenen Kirchen, Freikirchen, Verbänden, Gruppierungen. Dass trotz mancher offensichtlicher Verschiedenheit eine saubere theologische Arbeit geleistet werden konnte und kann und dass dabei professionell gearbeitet wird, hat mich immer wieder dankbar gestimmt, ist aber sicher auch ein Verdienst des Programmausschusses und seiner Vorsitzenden. Anfangs war das Dr. Fritz Laubach, später Walter Lohrmann, zuletzt Horst-Armin Eickel.

Der Wirtschaftsausschuss hat seine eigene Arbeitsweise entwickelt. Jahre hindurch haben sich die Prognosen der Ausschussmitglieder und der Vorsitzenden bestätigt. In den ersten Jahren leitete Johannes Runkel den Wirtschaftsausschuss. Seine Erfahrungen aus dem Baugewerbe halfen dem ERF gerade in seiner Aufbauphase. Später hatte Joachim Loh den Vorsitz. Seinem unternehmerischen Geschick und seiner organisatorischen Zielstrebigkeit verdankt der ERF viele Impulse. Man spricht beim ERF von einem buchhalterischen Etat und von einem »Glaubensetat«. Nun ist zwar schon der so genannte buchhalterische Etat ein Glaubenswagnis, denn in einem Missionswerk weiß man ja in einem Jahr nie, ob man die Mittel wieder anvertraut bekommt, die man im letzten Jahr hatte. Dennoch baut sich auf den Erfahrungen der zurückliegenden Jahre der eigentliche Haushaltsplan auf. Da aber immer wieder neue Projekte zu finanzieren waren und sind – in Afrika oder Südamerika, beim Fernsehen oder beim Satelliten – reichten die buchhalterisch errechneten Möglichkeiten bisher allein nicht, um den wachsenden Anforderungen nachzukommen. Es musste Jahr für Jahr das Geld für zusätzliche Aufgaben »hinzugeglaubt« werden. Darum wurde – ähnlich den Losen im Alten Testament – beim Wirtschaftsausschuss gelegentlich in geheimer Wahl abgestimmt. Die Mitglieder schrieben auf einen Zettel, wieviel Prozent Mehreinnahmen sie für das kommende

Jahr »erglauben« könnten. So oft diese Prozedur angewandt wurde, ergab sich eine erstaunliche Übereinstimmung im Blick auf die prozentuale Mehrbelastung des ERF-Etats, für die Gottes zusätzliche Versorgung erbeten und erwartet wurde. Solcher Glaube tat dem Evangeliums-Rundfunk gut und wurde – sowie ich mich erinnere – nie enttäuscht.

In einer kritischen Würdigung der evangelikalen Radiomissionsarbeit las ich, wie verwundert der Autor sei, dass evangelikale Werke so häufig vom Geld sprächen. Wer ein gesichertes Einkommen hat, wer mit Kirchensteuern oder Einnahmen aus Rundfunk- und Fernsehgebühren rechnen kann, wer kein finanzielles Risiko einzugehen braucht, der wird das »Reden vom Geld« nicht verstehen. Da evangelikale Werke aber häufig tatsächlich »nur« aus dem Glauben leben, sind die Finanzen ein recht wichtiger Hinweis darauf, ob und wie man weiterarbeiten soll. Sicherlich, es kann ein Missionswerk im Gelde schwimmen und doch nicht unter Gottes Segen stehen. Dass wir immer hatten, was wir brauchten, war und ist für mich sichtbarer Segen. Im Geld geschwommen sind wir allerdings nie. Dass wir bei allem, was Gott uns zur Verfügung stellte, nicht etwa übermütig wurden, darum haben wir ihn gebeten, und dafür hat er auch gesorgt. Wenn tatsächlich einmal keine unmittelbare Flaute in der Kasse war, dann fehlten geeignete Mitarbeiter. Oder wir haben Situationen erlebt, in denen wir zwar die Finanzen und Mitarbeiter hatten, aber keine geeigneten Räumlichkeiten. Immer hat irgend etwas gefehlt. Das hat uns – obwohl unter Seufzen erfahren – nicht geschadet, sondern nur näher mit unserem Herrn und Meister verbunden. Wie freundlich Gott versorgt hat, sahen wir 1971, 1980 und 1990. Im Abstand von etwa zehn Jahren konnte das ERF-Gebäude in Wetzlar jeweils um einen Flügel erweitert werden. Die Hörer finanzierten den Bau. Keine Hypotheken oder Schulden belasten ihn.

Der Evangeliums-Rundfunk hat die juristische Form eines eingetragenen Vereins mit einem Vorstand an der Spitze. Drei Vorsitzende habe ich erlebt: Hermann Schulte, Jakob Bernath und Albrecht von Aufseß. Letzterem ist im Mai 1995 Gerhard Hörster, der seinerzeitige Direktor des Predigerseminars des Bundes Freier evangelischer Gemeinden, gefolgt. Der Verein hatte jedes Mal bei der Wahl seines Vorsitzenden eine glückliche Hand. Und obwohl in geheimer Abstimmung zu ermitteln war, wer den Vorsitz übernehmen sollte, sind alle Vorsitzenden einstimmig gewählt worden.

Im Rückblick bleiben nur Dank und Lob gegenüber Gott und die Beschämung, dass ich in meinem Dienst Gott öfter um etwas gebeten habe, als dass ich ihm für das Empfangene gedankt hätte. In 40 Jahren gibt es auch Versagen und Schuld. Dass ich die Vergebung durch Jesus Christus, von der wir in den Sendungen immer wieder sprechen, auch selbst in Anspruch nehmen kann, ist durch nichts zu überbieten.

»Gott erscheint nicht so, wie er ist, sondern nur wie ein Mensch imstande ist, ihn zu schauen« (Johannes Chrysostomos). Aber was sind wir schon imstande zu schauen? Wieviel übersehen wir! Wo täuschen wir uns! Wo sehen wir die Dinge zu optimistisch oder zu rosig! Wo lassen wir uns blenden! Ich danke Gott, dass er vier Jahrzehnte hindurch den Blick geschärft hat. »Was uns im Sich-Vortasten in das Dunkel der Zukunft hinein als ein undurchdringliches Dickicht anmutet, das wandelt sich in der Rückschau in einen gebahnten Pfad« (A. Peters).

Literaturhinweise

Helmut Burkhard (Hrsg.) »Wer ist das – Gott?« TVG Brunnen und R. Brockhaus

H. Marquardt/U. Parzany »Evangelisation mit Leidenschaft – Berichte und Impulse vom zweiten Lausanner Kongreß für Weltevangelisation in Manila« (team-Aussaat-Verlag)

Harminus Martinus Kuitert »Gott in Menschengestalt«, Christian-Kaiser-Verlag

Paul Freed »Frohe Botschaft wir künden den Völkern«, Verlag Hermann Schulte, Wetzlar

Briar Whitehead »Entscheidung am Bermuda-Dreieck«, Brunnen-Verlag

Henry Carter »Das Erbe Johann Wesleys und die Ökumene«, Anker Verlag/Gotthelf Verlag

Rudolf Otto »Das Heilige«, Biederstein Verlag München (u. a. S. 29)

Hanni Lützenbürger »... aber Gottes Wort ist nicht gebunden«, ERF-Verlag

idea Nr. 35/92 vom 27.4.1992 – »Zehn Thesen«

FAZ vom 31.8.93 (siehe Abschnitt »Entwicklungshilfe«)

Joachim Schmid: Massenmedien als Instrument der Mission

Christian Wiegand: Die Entstehung des ERF

Knoblauch/Marquardt (Hrsg.): »Fit für die Zukunft« und »Mit Werten in Führung gehen« – beide erschienen im Brunnen-Verlag

WNZ: 3.7.1965

Tagebuch (privat) H. Marquardt

Hörerbriefe

Sendestationen von TWR

1 Monte Carlo (1960)
2 Bonaire (1964)
3 Zypern (1974)
4 Swasiland (1974)
5 Guam (1977)
6 Sri Lanka (1918)
7 Uruguay (1981)
8 Albanien (1992)
9 Russland (1993)
10 Johannesburg (1994)
11 Zentralasien (1996)
12 Grigoriopol (1999)
13 St. Petersburg (2000)

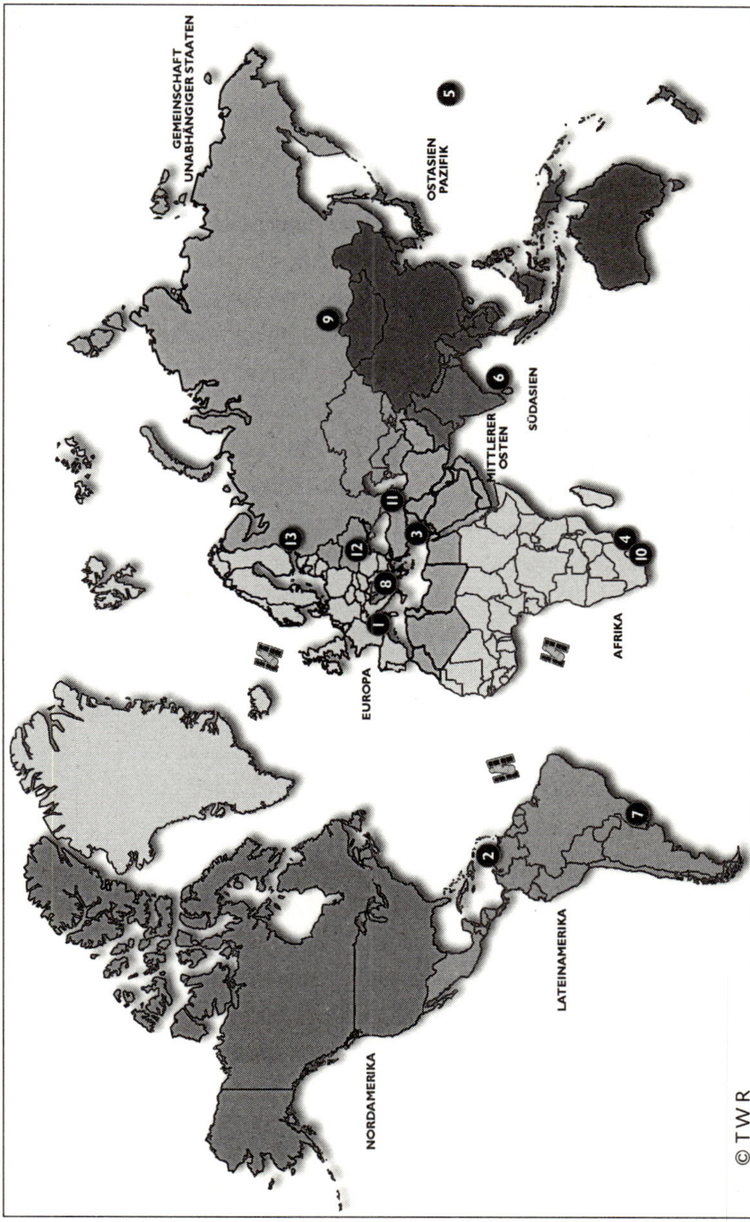
GEMEINSCHAFT UNABHÄNGIGER STAATEN
OSTASIEN PAZIFIK
SÜDASIEN
MITTLERER OSTEN
AFRIKA
EUROPA
LATEINAMERIKA
NORDAMERIKA
1
2
3
4
5
6
7
8
9
10
11
12
13
© TWR

Der Autor

Horst Marquardt, Jg. 29, verheiratet, 4 erwachsene Kinder, Rundfunk-Journalist; Studium der Theologie; war als Pastor der Evangelisch-methodistischen Kirche tätig in Berlin, Wien und Wetzlar; von 1960 bis 1993 beim Evangeliums-Rundfunk in Wetzlar (Leitung); von 1994 bis 1997 Internationaler Direktor von Trans World Radio (TWR) für die GUS (frühere Sowjetunion), den Mittleren Osten und Afrika;

Gründer und Vorsitzender des Informationsdienstes der Evangelischen Allianz (idea); bis Juni 1999 Vorsitzender der Lausanner Bewegung – Deutscher Zweig; Leiter der Ständigen Arbeitsgruppe Islam der Lausanner Bewegung; Mitbegründer der Konferenz Evangelikaler Publizisten (kep); Mitglied im Vorstand des Evangelischen Seniorenwerkes (ESW); Vorsitzender des Instituts der Lausanner Bewegung für Islamfragen.

Bekannt durch seine Sendungen im Evangeliums-Rundfunk und diverse Publikationen/Bücher/Kassetten: »Evangelisation mit Leidenschaft« Horst Marquardt/Ulrich Parzany (Hrsg.); »Herr, Du treuer Gott« Andachtsbuch; »Lebenszeichen«, ». . . und die Herzen taten sich auf« u. a.